玄鸟文丛

王子今 主编

庸儒斋随笔

陈文豪 著

中州古籍出版社
·郑州·

图书在版编目(CIP)数据

庸儒斋随笔 / 陈文豪著. —郑州：中州古籍出版社，2024.10
（玄鸟文丛）
ISBN 978-7-5738-1285-8

Ⅰ.①庸… Ⅱ.①陈… Ⅲ.①中国历史-古代史-文集 Ⅳ.①K220.7-53

中国国家版本馆CIP数据核字（2024）第014946号

YONGRUZHAI SUIBI
庸儒斋随笔

出 版 人	许绍山
策划编辑	郑　雄　闵世勇
责任编辑	高雪薇
责任校对	唐志辉
装帧设计	曾晶晶

出 版 社	中州古籍出版社（地址：郑州市郑东新区祥盛街27号6层 邮编：450016　电话：0371-65788693）
发行单位	河南省新华书店发行集团有限公司
承印单位	河南印之星印务有限公司
开　　本	787 mm×1092 mm　1/32
印　　张	8.75
字　　数	156千字
版　　次	2024年10月第1版
印　　次	2024年10月第1次印刷
定　　价	36.00元

本书如有印装质量问题，请联系出版社调换。

总序

"玄鸟文丛"收入王仁湘《月西日东》、吕宗力《诸神在人间》、王子今《沧海大风》、陈文豪《庸儒斋随笔》、汤惠生《思想的形状》、李华瑞《平坡遵道续集》、朝戈金《雪地走橐驼》共7种随笔集。

"玄鸟文丛"的这几位作者都是考古学、中国史、民俗学、文学等学术领域学有优长,做出过一些学术贡献的学人。大多声名响亮,是名震一方甚至享誉海内外的学术领袖。但是这组作品的基本品质和主要内容，并不是非常严肃的学术论说，其学思往往溢于专业框架之外，因而多有自然、生动、新鲜的气息。但是所有的文字，又都是作者在自己学业基础之上的精心创作，往往在轻松的风格后面，透现出雄厚的学理基底。通过从容的叙说，读者应当也可以体会到深沉的思想脉动。

"玄鸟文丛"定名，由自中州古籍出版社出版人的建议。在上古神话传说中，"玄鸟"是沟通天与地，联系自然与人文的飞动的精灵。据说少皞部族联盟"纪于鸟，为鸟师而鸟名"。"玄鸟氏，司分者也。"执掌着最重要的春秋季节转换。（杜预《春秋经传集解》："玄鸟，燕也。以春分来，秋分去。"）《诗·商颂·玄鸟》说："天命玄鸟，降而生商，宅殷土芒芒。"《史记》卷一三《三代世表》曰："诗人美而颂之曰'殷社芒芒，天命玄鸟，降而生商'。"《焦氏易林》卷九《晋·剥》言："天命玄鸟，下生大商。"其说由来于商人先祖"契"的生母简狄吞玄鸟卵怀孕的传说。《史记》卷三《殷本纪》说："三人行浴，见玄鸟堕其卵，简狄取吞之，因孕生契。"司马贞《索隐》引谯周云："（契）其母娀氏女，与宗妇三人浴于川，玄鸟遗卵，简狄吞之。"裴骃《集解》："《礼纬》曰：'祖以玄鸟生子也。'"而《史记》卷五《秦本纪》记载，另一影响历史走向的族群有关先祖的神话中，也有"玄鸟生子"情节："女修织，玄鸟陨卵，女修吞之，生子大业。"神秘的生命接续神话，将社会文明与"玄鸟"的轻羽联系起来，借助神翼实现腾飞。王褒《九怀·蓄英》言："玄鸟兮辞归，飞翔兮灵丘。"王逸注："悲鸣神山，奋羽翼也。"[1] 汉人的"玄鸟"咏叹，似乎表达了特殊的文化感觉。"玄鸟"的飞翔与鸣叫，可能是丛书设计者的初衷。

近年"随笔"受到书界关注，"随笔"作为文体，其实有悠久的传统。放宽眼界来看，古来学者的许多"笔记""札记"，与今人所称"随笔"多有共性。近代思想家鲁迅的许多杂文，大略也可以归入通常所谓"随笔"一类。不过鲁迅似不用"随笔"之称。他的一些文章题名"随感录"，关心"随笔"文体史的学者，也许应当有所注意。鲁迅有作于1918年的《随感录二十五》《随感录三十三》《随感录三十五

---

[1]〔宋〕洪兴祖：《楚辞补注》，北京：中华书局，1983年，第275页。

至三十八》，作于1919年的《随感录三十九至四十三》《随感录四十六至四十九》《随感录五十三至五十四》，以及《随感录五十六至五十九》《随感录六十一至六十六》，都编在《热风》中，收入《鲁迅全集》第1卷。另有《随感录》《随感录二十五》，收入《鲁迅全集》第8卷。据注释，收入第1卷者"据手稿编入，当作于1918年4月至1919年4月间"，收入第8卷者"最初发表于1919年4月30日《每周评论》第十五号'随感录'栏。原无标题，每则文后均署庚言"。[1]鲁迅的《随感录》，有的有标题，多数则只有标号。鲁迅题《随感录》的文章，其中多有现今人常称为"金句"者，许多言辞透露出历史的真知。比如："不满是向上的车轮，能够载着不自满的人类，向人道前进。""多有不自满的人的种族，永远前进，永远有希望。""多有只知责人不知反省的人的种族，祸哉祸哉！"[2]

---

[1] 鲁迅:《鲁迅全集》第8卷，北京：人民文学出版社，2005年，第106—107页。
[2] 鲁迅:《鲁迅全集》第1卷，北京：人民文学出版社，2005年，第376页。

对于我稍微熟悉一些的秦汉史，这样的议论不妨在这里引录："古时候，秦始皇帝很阔气，刘邦和项羽都看见了；邦说，'嗟乎！大丈夫当如此也！'羽说，'彼可取而代也！'羽要'取'什么呢？便是取邦所说的'如此'。'如此'的程度，虽有不同，可是谁也想取；被取的是'彼'，取的是'丈夫'。所有'彼'与'丈夫'的心中，便都是这'圣武'的产生所，受纳所。"鲁迅说，"如此"以及"如此"之后，有三个层次的"算最高理想的表现"：1."纯粹兽性方面的欲望的满足——威福，子女，玉帛"；2.面对"死"，于是"求神仙"；3."造坟，来保存死尸，想用自己的尸体，永远占据着一块地面"。鲁迅三次用同样的语句强调："我怕现在的人，也还被这理想支配着。"他还写道："现在的外来思想，无论如何，总不免有些自由平等的气息，互助共存的气息，在我们这单有'我'，单想'取彼'，单要由我喝尽了一切空间时间的酒的思想界上，实没有插足的余地。"鲁迅所说的"现在"和我们今天面对的"现在"，已经相差104年。但是我们知道，他指出的"纯粹兽性方面的欲望的满足"以及其他层次的"理想"，依然"支配着""很阔气"

的"现在的人"。

在言及"秦始皇帝很阔气"之说的前面一段话，鲁迅论"圣武"，也可以给我们有意义的启示。他写道："几位读者怕要生气，说：'中国时常有将性命去殉他主义的人，中华民国以来，也因为主义上死了多少烈士，你何以一笔抹杀？吓！'这话也是真的。我们从旧的外来思想说罢，六朝的确有许多焚身的和尚，唐朝也有过砍下臂膊布施无赖的和尚；从新的说罢，自然也有过几个人的。然而与中国历史，仍不相干。因为历史结帐，不能像数学一般精密，写下许多小数，却只能学粗人算帐的四舍五入法门，记一笔整数。"他说："中国历史的整数里面，实在没有什么思想主义在内。这整数只是两种物质，——是刀与火……""'刀与火'也触目，我们也可以别想花样，奉献一个谥法，称作'圣武'，便好看了。"[1]

鲁迅熟悉"中国历史"，尤其善于进行历史的透视，历史的总结，历史的理解和说明，也就是"历史结帐"。他的许多历史分析，是专门的史学工作者的榜样。

---

[1] 鲁迅：《鲁迅全集》第1卷，北京：人民文学出版社，2005年，第371—373页。

"玄鸟文丛"的作者们，应当都是赞同鲁迅的意见，也愿意探知和说明"中国历史的整数"的。"玄鸟文丛"中的文字，有些可以体现这样的努力。

匆匆以此短序回复出版社的要求，言略意长，但是没有经过深沉思考，希望不至于对不起这套"玄鸟文丛"，不至于辱没了其他6位好友。

承中州古籍出版社认真编校、正式推出，谨此代表作者表示感谢。至于读者是怎样的态度，是表扬赞许还是冷漠视之，或者批评鄙视，当然要待发行之后再注意倾听。

王子今

2024年10月于北京

序

感谢王子今教授推荐,中州古籍出版社支持,这本文集得以出版。

二十多年前就计划出版一本论文集,因专业和简牍有关,所以取了一个书名《断简残篇集》,曾做了一些准备工作,部分文稿也进行排版,但因故停顿。计划中这本书是专业性较强的学术论文集,和此次出版的这本随笔性质有些不同。这本随笔是我的第一部文集,为了纪念,所以收录了原计划要收入《断简残篇集》中的少数论文。

本书内容虽分为三部分：书史丛谈、简帛拾穗、以管窥天，但就内容而言，有些文章还是有其相关性及特殊义，仅略加说明。

《汉代书肆及其相关问题蠡测》原是在报刊与人论学短文，后来花费数年找数据逐渐扩充而成，于1997年5月刊登于《庆祝王恢教授九秩嵩寿论文集》，并于次年得到有关单位的研究成果奖励。收入此文，为再次感激王恢老师多年教导，同时给自己留一个纪念。

《试论焚书禁学与独尊儒术》《九九术与〈九章算术〉》《王昭君与冯夫人——谈西汉对外关系史上的两位女性》《"一字千金"——吕不韦的营销手法》是为空中大学（广电大学）秦汉史课程撰写的补充教材的一部分，其他还有几篇未收入，这些都是借鉴前辈学者研究成果撰写而成，虽有一得之见，实难登大雅之堂，收入这些短文，是为学习过程留下一些记录。

从2000年开始，我对简帛研究的关注转向思考如何建立简帛学理论体系这个问题上，所以简帛研究论文仅收入《"文德"地名考释》一文。《简帛研究与简帛学》是就建立简帛学理论体系问题最早撰写的一篇论文，其后曾改写为《简帛学理论建构省思举隅》，刊载于日本《中国出土资料研究》第十四辑（2010年3月）。此次收入最早写的拙文，是为见证初衷。

除思考简帛学理论建构外，个人一直认为简帛研究是专家之学，若要推广，应该大众化，所以计划撰写"简帛谭趣"百篇，累积已有数十篇。此次收入的《蛞——扑满的本尊》是最早完成的一篇，同样有见证初衷之意。

本书尚有书评数篇，书评的撰写要感谢东海大学中文系吴福助教授的鞭策。吴老师是睡虎地秦简研究的大家，也关注到书评的重要性，不仅身体力行自己撰写，更为学生修改书评文稿。吴老师主编《东海大学文学院学报》《东海学报》时都有书评专栏，并再三鼓励我撰写书评，因而才有一些书评的面世，同时也养成写书评的习惯。

其余的《汉代的"政治明牌"——谶纬》《理想与现实的冲突——新莽兴亡述说》《治学方法浅见：首重正确理解史料》等文，都是约稿之作，匆促受命撰写，思虑有所不周，仍存在一些问题，请读者不吝指正。

因个性慵懒，不甚积极，故收入本书中的论文仅有少部分进行了修改，多数为原貌，在此要向读者致歉。

我为学不够宽广，见识狭小，学问有限，至今虽然有百篇以上的学术论文或短札，但不敢有藏诸名山之望，亦恐辜负"文豪"之名，因之将文集名曰《庸儒斋随笔》。

2023 年 11 月 24 日谨识

目录

书史丛谈

汉代书肆及其相关问题蠡测————003

汉乐府诗"交钱百万两走马"试释————025

试论焚书禁学与独尊儒术————033

王昭君与冯夫人
　　——谈西汉对外关系史上的两位女性————042

"一字千金"
　　——吕不韦的营销手法————054

汉代的"政治明牌"
　　——谶纬————062

理想与现实的冲突
　　——新莽兴亡述说————074

简帛拾穗

䇶
———扑满的本尊———089

简帛研究与简帛学———094

"文德"地名考释———119

九九术与《九章算术》———138

以管窥天

治学方法浅见：首重正确理解史料———155

台湾有关东方朔研究综述———170

《国外研究中国问题书目索引》评介———188

《秦史研究论著目录》评介———194

《中国古代陪都史》评介———211

简帛目录学刍议
———兼评《甘肃简牍百年论著目录》———222

评《出土唐宋石刻文献与中古社会》———238

《青川郝家坪战国墓木牍考古发现与研究》评介———256

各篇出处———265

书史丛谈

汉代书肆及其相关问题蠡测

一、前言

书肆现今通称之为书局或书店,系书籍流通的主要据点。出版商印妥书籍后,借书肆建立起书籍的营销网络,读者也可经由书肆选购自己喜爱或需要的书籍,因此,书肆是促进文化发展的重要媒介。

"书肆"一词,目前所见最早记载,见诸汉代文献,但书肆在汉代以前应该已经出现。关于汉代书肆问题,笔者曾写过一篇短文与人商榷。[1]因该文系发表见诸报端,受篇幅限制、编辑删削,未能畅所欲言,且词不达意,同时写作方式亦不具备学术论文的规范与格式。故时而思之,常有难登大雅之堂的感觉,颇为汗颜。近年来,读书所及,间有所得,

---

[1] 陈文豪:《也谈"书店"何时有?》,《"中央"日报》(长河版),1988年9月3日,第17版。

发现若干材料及问题,可供再进一步论证及讨论,因此,乃决定予以改写,以便和关心此问题的学者们相互切磋。

二、书肆起源与汉代书肆史料

书肆是书籍流通的主要据点,书籍成为书肆的主要商品。故欲论书肆的起源,当先论及书籍的产生与发展。《尚书·多士》云:"惟尔知惟殷先人,有册有典,殷革夏命。"[1]

"册"字屡见于甲骨文或金文,其字形有▦、▦、▦、▦等,象征一捆简牍,中有二道编绳。"典"字亦见于甲骨文及金文,其字作▦、▦、▦、▦,象征着册放在几上。[2]"册""典"二字常指史官记录帝王诰命的文件。[3]这种史官掌管的记录,"大都是为供人君办事时的参考……在当时它虽然是著作物,但它的性质是属于后世所说的档

---

[1]〔唐〕孔颖达疏、〔清〕阮元校勘:《尚书正义》,台北:大化书局,1982年,第220页。
[2]〔汉〕许慎撰、〔清〕段玉裁注:《说文解字》,台北:汉京文化事业有限公司,1980年,第5篇第23页,云:"▦,五帝之书也,从册在几上,尊阁之也。庄都说,典,大册也。"
[3]钱存训:《中国古代书史》,香港:中文大学,1975年,第84页。

案。这也就是说，在上古时期，档案就是书籍，二者是没有区别的"[1]。故册典亦可称之为书籍。[2]因此，书籍在商周时期已产生当无疑义。

书籍虽在商周时期已正式出现，但是作为流通书籍的主要据点——书肆是否已形成，在此后至秦朝的现存文献中尚未见诸记载，故有的论者认为此期间书肆并未产生。其所持的理由是商周时期书籍体积笨重，不便搬运，影响流通，同时学术统于王官，读书、藏书和著书的权利为贵族所垄断，书肆无缘而设。春秋战国之际，百家争鸣，私人著作大量出现，为书肆的萌发创造有利条件。但受孔子"述而不作"的影响，不少学者大多采用面传口授的教学方法。另外，能接触和使用书籍的仅限于士的阶层，再益以学派之间的封闭阻塞，书籍的流通只能在很小的范围内进行。因此，书肆还不能破土出芽。秦朝由于秦始皇行焚书之令，制挟书之策，大量书籍被焚毁禁锢，使文化典籍

---

[1] 陈国庆、刘国钧：《版本学》，台北：西南书局，1978年，第11页。
[2] 屈万里：《尚书今注今译》，台北：台湾商务印书馆，1969年，第134页，注云："册典，即书籍。"

遭受一场空前浩劫，书籍也被扼杀于胚胎之中。因此，很多学者主张书肆的产生并见诸文献，是在前汉时期。[1]

按：书肆应是在有人对书籍迫切需求的情况下发展而成的。在文化思想活络的时期，对书籍的需求量必然相对地增加。考察商周至秦朝的这段时期，史称春秋战国时期，百家争鸣，正是文化思想空前活络的盛况阶段；私人藏书家也出现，[2]当有助于书肆的催生。故不能以目前所见商周至秦文献未见"书肆"一词，而遽然下断语曰书肆在此时尚未产生。鄙意认为考察文化思想的活络及工商业的发展等客观因素后，书肆的萌芽至迟在春秋战国之际。

书肆的萌芽虽可推至春秋战国之际，但发展兴盛当是在汉代。目前所见"书肆"一词也是首先见诸汉代文献，因此才会有人认为书肆是在汉代产生的，故有必要将汉代与书肆有关的史料加以探讨，以明其盛况。有关史料

---

[1] 杨希义：《古代书肆的起源》，《木铎杂志》1990年春季号，第37—38页。
[2]《墨子·贵义第四十七》云："子墨子南游使卫，关中载书甚多。弦唐子见而怪之，曰：'吾夫子教公尚过曰："揣曲直而已。"今夫子载书甚多，何有也？'"足证墨子是一个私人藏书家。

有以下五则。

1.扬雄,《法言·吾子篇》:

好书而不要诸仲尼,书肆也。

2.《太平御览》,卷八百二十七,引《三辅黄图》云:

(元始四年)起明堂、辟雍。长安城南北为会市,但列槐树数百行为队,无墙屋,诸生朔望会此市,各持其郡所出货物,及经书传记,笙磬器物,相与买卖,雍容揖让,或论议槐下。

3.《后汉书》,卷四十九,《王充传》云:

(王充)家贫无书,常游洛阳市肆,阅所卖书,一见辄能诵忆,遂博通众流百家之言。

4.《后汉书》，卷八十下，《文苑列传·刘梁传》云：

（刘）梁宗室子孙，而少孤贫，卖书于市以自资。

5. 司马彪《续汉书·荀淑传》云：

荀悦十二，能读《春秋》，贫无书，每至市间阅篇牍，一览多能诵记。

上述五则史料中，明确指出"书肆"一词者，仅有扬雄，但并未提及买卖书籍的行为。其余四则虽未明确谈到书肆，可是却记载书籍交易的情形，有交易的现象，证明书肆是存在的。

再就时间来讨论。除《三辅黄图》所载者，明确言及元始四年，可不论外，其余四者，究系何时呢？《法言》成书的年代，现存文献未载，学者据《法言》中有"汉兴二百一十载"句，认为系指汉平帝时，因而推断

《法言》成书于汉平帝时期。[1]汉平帝在位仅有五年，为元始元年至元始五年。因此，《法言》所载书肆年代，与《三辅黄图》所述的时间相近。后三则所载全系后汉时期情况。王充曾至京师，受业太学，师事扶风班彪，汉和帝永元（89—105）中卒，年约七十，为后汉初期人。刘梁在汉桓帝时，举孝廉，除北新城长，汉灵帝光和（178—184）中病卒，是桓灵时期人。荀悦在灵帝时因宦官用权而托疾隐居，至献帝时，始再与孔融侍讲禁中，建安十四年（209）卒。刘、荀系后汉末年人。

上述五则史料所载，大体上是描述公元1至3世纪，书肆活动的概略情况。材料虽少，但从王充在洛阳市肆中阅所卖书，而达到博通众流百家的记载来看，当时书肆销售的书籍种类已经很多。说明书肆的发展应有一段时间，达到一定程度的盛况，显然不是书肆刚开始产生时的现象。

---

[1] 郑万耕：《扬雄及其太玄》，台北：蓝灯文化事业股份有限公司，1992年，第19—20页。

三、汉代书籍的质材及书肆发展兴盛的原因

书肆在汉代已达到一定程度的发展，书籍的种类也很多，那么是什么原因加速了书籍的流通？论者认为：到了汉代，由于造纸技术的发明，为书籍的流通提供了相当的方便，乃有了书店的经营、书市的产生。

这一推论，将书肆的产生，定位于汉代，并归之于造纸技术的发明，使书籍流通方便所致，是有待商榷的。

书肆的产生，我们已论及至迟在春秋战国之际，非汉代，于此不再赘述。书籍流通的方便，在汉代而言，显然与造纸技术无关。

从书写材料来考察，在两汉时期，主要是缣帛与简牍，这可由考古出土的书籍，大部分写在缣帛与简牍上得到证明。[1]但缣帛价昂，非人人所能购买得起，故简牍是最普遍的书写材料，当时的书籍及公私函札，大部分以简牍书之。所以去汉不远的秦始皇处理国事，必须"衡石量书"。汉武

---

[1] 书于缣帛上者，如著名的马王堆汉墓出土《老子》甲乙本、《周易》、《战国纵横家书》等。

帝时，东方朔"初入长安，至公车上书，凡用三千奏牍。公车令两人共持举其书，仅然能胜之"。因为东方朔所上奏书，是写在三千根木牍上，木质甚重，故两人才勉强抬得动。

尽管在汉代主要的书写材料是简牍和缣帛，尚不足以证明造纸技术的发明，为书籍的流通提供方便，故其促使书店、书肆产生的理论不能成立。文献的记载及考古的发现都证明在汉代已经有纸的使用。纸既然已经出现，最令人关心者即纸是否已用在书写上面。

有关用纸书写的记载，主要见诸后汉。《风俗通义》记载，汉光武帝刘秀迁都洛阳时，"载素（帛）、简、纸经凡二千两（辆）"。此处将纸经与素、简并提，则纸经应是纸写经籍。《后汉书·皇后纪》载，和熹邓皇后幼时"志在典籍"，永元十四年（102）被立为皇后，"是时，方国贡献，竞求珍丽之物，自后即位，悉令禁绝，岁时但供纸墨而已"。《东观汉记》亦云："和熹邓后即位，万国贡献悉禁绝，惟岁时供纸墨而已。"《续汉书·百官志》载少府属官有守宫令，"主御纸笔墨及尚书财用诸物及封泥"，尚书右丞"假署印绶及纸笔墨诸财用库藏"。可见，在后汉宫廷已开始使用纸张，并设有专门职官掌管。这些纸与墨并举，毫无疑问可用来写字，用来抄写书籍亦有可能。《后汉书·贾逵传》，提到汉章帝"令（贾）逵自公羊严、颜诸生高才者二十人，教以左氏，与简纸经传各一通"。"简纸"，李贤注曰："竹简及纸也。"实则应是指章帝赐予宫中所藏用简及用纸所抄写的经传各一部。

宫廷中已用纸来抄写书籍，民间亦有以纸写书及信札的记载，《后汉书·延笃传》，注引《先贤行状》云：

> 笃欲写左氏传，无纸。唐溪典以废笺记与之，笃以笺记纸不可写传，乃借本讽之，粮尽辞归。

与延笃有关的用纸记载，又见《北堂书钞》，卷一百四，纸四十六，惠书四纸条，引《延笃答张奂书》。其云：

> 惟别三年，梦想忆念，何月有违，伯英来。惠书四纸，读之反复，喜不可言。

同书同卷尚有有关记载，笔四十五，给笔写书条，引《蔡琰别传》云：

> 琰字文姬。曹操问曰："闻夫人家先多书籍，犹能忆不？令十吏就夫人写之。"文姬曰："男女不亲授，乞给纸笔，真草惟命。"

纸四十六，书虽两纸八行条，引《马融与窦伯可书》云：

> 孟陵来赐书，见手书欢喜何量，书虽两纸八行七字。

这些文献记述了后汉时期用纸写信、写书的情形。

在考古方面，有关汉代古纸的发现甚多，兹按发现年代，略述如后。

1901年，在新疆楼兰发现一片有字汉纸，是诗抄。同年甘肃敦煌发现三张家书残卷。这两件均为后汉末期遗物。[1]

---

[1] 马骥：《丝绸之路沿线出土的汉代古纸》，载《汉唐丝绸之路文物精华》，香港：龙出版有限公司，1990年，第21页。

1933年,黄文弼在新疆罗布淖尔汉代烽燧遗址发现一片前汉古纸。[1]

1942年,劳榦及石璋如在额济纳河沿岸烽燧发现一张汉代古纸。[2]

1957年,陕西省西安市灞桥发现一片前汉纸。[3]

1959年,新疆民丰县发现揉成卷的后汉纸。[4]

1973—1974年,在居延汉代金关遗址发现麻纸两种。[5]

1974年,甘肃武威旱滩坡发现后汉麻纸一张。[6]

---

[1] 潘吉星:《中国造纸技术史稿》,北京:文物出版社,1979年,第25页。
[2] 劳榦:《论中国造纸术之原始》,载《中央研究院历史语言研究所集刊》第十九本,第489—498页。
[3] 田野:《陕西省灞桥发现西汉的纸》,《文物参考资料》1957年第7期,第78—81页。
[4] 新疆维吾尔自治区博物馆:《新疆民丰县北大沙漠中古遗址墓葬区东汉合葬墓清理简报》,《文物》1960年第6期,第9—12页。
[5] 甘肃居延考古队:《居延汉代遗址的发掘和新出土的简册文物》,载《汉简研究文集》,兰州:甘肃人民出版社,1984年,第476—498页。
[6] 党寿山:《甘肃武威旱滩坡东汉墓发现古纸》,《文物》1977年第1期,第59—61页。

1978年,陕西扶风县中颜村出土三片前汉麻纸。[1]

1979年,甘肃敦煌马圈湾前汉烽燧遗址出土五件麻纸。[2]

1986年,在甘肃天水放马滩五号汉墓发现一张纸质地图。[3]

1990年,甘肃汉代悬泉置遗址发现四件汉宣帝、元帝时期墨书麻纸。[4]

上述文献的记载及考古的发现,都证明汉代已经用纸来作为书写的材料。不过值得我们讨论的是在当时用纸来抄写的书籍有多少。在考古所得的十一批汉纸中,罗布淖尔纸是否有文字,不得而知。灞桥纸、民丰纸、金关纸、马圈湾纸、扶风纸上都没有文字的书写。武威旱滩坡

---

[1] 罗西章:《陕西扶风中颜村发现西汉窖藏铜器和古纸》,《文物》1979年第9期,第17—20页。
[2] 吴礽骧、李永良、马建华:《敦煌马圈湾汉代烽燧遗址发掘报告》载《敦煌汉简释文》,兰州:甘肃人民出版社,1991年,第271—361页。
[3] 甘肃省文物考古研究所、天水市北道区文化馆:《甘肃天水放马滩战国秦汉墓群的发掘》,《文物》1989年第2期,第1—11页转31页。
[4] 甘肃省考古所、悬泉遗址发掘队:《汉悬泉置遗址发掘获重大收获》,《中国文物报》1992年1月5日,第1版。

纸则仅有"青见"二字。斯坦因发现的居延纸是家书。悬泉纸分析也是家书。与书籍有关的只有楼兰发现的诗抄汉纸了,但其年代已是后汉末期。至于文献的记载,《邓皇后传》只提到纸,并未说明是否用来抄写书籍。而《贾逵传》的记载,劳榦先生认为:"此文仅见于《后汉书》,是否为范蔚宗增饰,待证。"又云:"亦即贾逵同时的纸,和汉成帝时的纸,同样的是黏的絮。"换句话说,劳先生对《贾逵传》所提到的纸经,是否为纸写经籍,持怀疑的态度。根据这个推论来看,前述《延笃传》注引《先贤行状》的说法,是否亦同样为人所增饰,值得考虑。因此,在汉代使用纸来写抄书籍的情形并非十分普遍,充其量只能视为用纸写抄书籍的滥觞。[1] 所以,书肆、书市的出现为书籍的流通提供方便,和造纸技术的发明并无密切的关系。

---

[1] 中国纸成为占支配地位的书写材料,是在晋代。见张文玲:《我国纸写书的起源和它的发展》,《文献》1985年2月,第20期,第226—235页。又1996年10月17日,在湖南长沙走马楼发现数万枚三国孙吴嘉禾纪年简牍,证明三国时期仍是以简牍作为主要书写材质。走马楼简牍的内容介绍,可参胡平生、宋少华:《新发现的长沙走马楼简牍的重大意义》一文,文载《光明日报》,1997年1月14日,第5版。

书肆的发展逐渐走向兴盛,既然与造纸技术的发明无关,那么是受哪些因素的影响?

鄙意认为必须从汉代学术发展的脉络及仕进之途来考察。秦火之后,民间应尚有大量的藏书。故汉惠帝四年(前191)"除挟书律",广开献书之路。汉成帝河平三年(前26)命"谒者陈农使,使求遗书于天下"。朝廷重视访求遗书,有利于带动学术研究的风气,一般的读书人,在仕途上也受到一些鼓励与保障,如"太史试学童,能讽书九千字以上,乃得为史。又以六体试之,课最者以为尚书御史史书令史"。在太学受业的博士弟子,"能通一艺以上,补文学掌故缺,其高第可以为郎中,太常籍奏"。故《太平御览》,卷六百七,引《汉书·儒林传》,云:

> 武帝广开献书之路,立五经博士,开弟子员,设科射策,劝以官禄。讫于元始,百有余年,书积如丘山,传业浸众,枝叶繁滋,一经说百万言,盖禄利之路然也。

而民间学者，如东方朔、朱买臣、主父偃、终军、枚皋、贾捐之、息夫躬等，皆因所学而上书拜官。[1]此外，在汉代因学而优则仕的入仕途径，尚有射策、明经、明法等，这种风气影响所及，致邹鲁一带民谣云："遗子黄金满籯，不如一经。"说明一切唯有读书好。

读书人的出路好，前途有保障，自然鼓励越来越多的人去读书，书籍的需求量也随着增加，在这种情形下，已具有雏形的书肆、书市自然更加兴盛。

四、汉代书籍出版状况蠡测

现代书籍的出版，从征稿、编辑、发排、校对、印刷到装订，有一套完整的作业程序。在营销上，有些出版商委托总经销负责，有些则自行兼营发行。汉代的书籍出版情形是否与此相似，不得而知，关于此点在此不拟讨论。本节所要探讨的与书籍出版有关的问题是：汉代的书籍是如何产生的？汉代书肆卖的是哪些书籍？

---

[1] 左益寰：《汉代上书拜官考略》，《秦汉史论丛》1986年7月，第3辑，第162—181页。

汉代印刷术尚未发明，因此汉代书籍的出版，当然未经由雕版印刷及排字、打字印刷等过程。汉代书籍的出版方式，简单地说，就是一个抄字，任何一本在书肆中出售的书籍，都是经由人工手抄的。

在汉代有一批依靠抄书为生的人。《汉书·艺文志》，在叙述汉初广开献书之路后，曾说："建藏书之策，置写书之官。"后汉威震西域的班超，在未显达前，因"家贫，常为官佣书以供养"。"为官写书，受直以养老母"。这里所述史料，皆是为官方抄书者。在民间也有一些仰赖帮他人抄书为生的人。例如：公孙晔"到太学，受尚书，写书自给"。又陈长（或作常）"昼则躬耕，夜则赁书以养母"。这些在民间赖抄书谋生者，他们受雇的对象，除了藏书家、有财货的读书人外，应当有一部分人在为经营书肆的出版商服务。

这些受雇于书肆的书手，他们如何抄书？是一人一部书抄写，或是尚有其他的方法进行之？现在也很难推测。马王堆汉墓出土的《帛书老子》甲乙本，在文字上有所歧异，徐复观先生研究后指出："这些字，音虽近而义不通，且非因形近而误，而笔画亦未加减省。因此我有一个假定，以写书出售为业的人，每书找到一个底本，由一个人念给数人乃至数十人分写，必如此，销数较大而始易获利。分写的人文化水平不高，只听其近似之音而根本不知其义，便按照自以为是的字写上去。训诂中的假借，可能由此而来。"[1]

先秦两汉经籍文字出现歧义的原因非止一端，[2]但是徐先生的推论相当有趣，值得我们加以深论。上述引文反映出两个问题，第一个是讨论《帛书老子》甲乙本中文字歧异的规律。这个问题与本文主旨无关，可略而不谈。其次，徐先生的此一说法，为汉代出版业勾画出一幅想象图，从成本效益的观点来看，商人均以获利为目标，所

---

[1] 徐复观：《帛书老子所反映出的若干问题》，原载《明报月刊》第114期，收入《中国思想史论集续篇》，台北：时报文化出版公司，1982年，第311—322页。
[2] 徐中舒：《经今古文问题综论》，载《纪念顾颉刚学术论文集》，成都：巴蜀书社，1990年，第65—720页。文中指出，"秦人法后王，重视字书，'书或不正，辄举劾之'，所以篆籀尚能上承殷周之旧而较六国古文为古。六国士子，诵《诗》《书》，法先王，他们不重字书，书籍抄写不严，所以六国古文旧书就存在许多错别字"。这段话虽然首在讨论六国古文与篆、籀的区分，但也可拿来作为讨论先秦两汉经籍常见歧义字时参考。盖如徐文所言，文字歧异则与地域、学派有关。

以想尽办法来降低商品的成本。汉代印刷术尚未发明,书肆出售的书籍均赖手抄,一人一部的抄写不符成本效益原则,若采用一人念给数人或数十人分写,则同时可完成相同的书籍数部乃至数十部,可以有效地降低成本。

在贩卖书籍方面,以与日常生活有关者,如卜筮医药种树之书和与教育有关的诸子百家书籍为主。汉代的教育有大学和小学两种学制,大学一般指专经教学,小学是对儿童进行的启蒙教学。[1]专经书籍,为汉代经学博士所掌者,如《诗》《书》《易》《礼》等,可暂不论。启蒙教学所用书籍有哪些呢?《汉书·艺文志》云:"汉兴,萧何草律,亦著其法,曰:太史试学童,能讽书九千字以上,乃得为史。又以六体试之,课最者以为尚书御史史书令史。吏民上书,字或不正,辄举劾。"

学童能讽书九千字及接受六体之课试,必须具备识字的条件,故字书显然是汉代儿童启蒙教育中首先要诵读者。汉代常见的字书有:《仓颉篇》《爰历篇》《博学篇》及《急

---

[1] 胡青:《试论汉代的家庭家族教育》,《秦汉史论丛》1994年12月,第6辑,第331—342页。

就篇》等。字书之外，尚有哪些书籍是蒙童必读？崔寔在《四民月令》中谈道："正月……农事未起，命成童以上，入太学，学五经。砚冰释，命幼童入小学，学篇章。"

幼童学篇章，篇章所指为何？北魏贾思勰在《齐民要术》中，引用这段记载，并注曰："篇章谓六甲、九九、急救、三仓之属。"换言之，除字书外，幼童尚需学习六甲及九九。六甲、九九指何物？

六甲：系指以天干地支相配计算时日，其中甲子、甲戌、甲申、甲午、甲辰、甲寅六者皆有甲字，故谓之六甲，即《汉书·律历志》所说的"日有六甲"。所以学习六甲，即学习时日之推算及天干地支之相配合。或谓六甲，是推算举行祭祀礼仪日期的前提。

九九：颜师古注曰："九九，算术，若今九章、五曹之辈。"那么到底是哪种算术呢？事实上，九九歌今日所称之九九表，在"敦煌汉简"及"居延汉简"中迭见残简出土，是一种基础数理，也是日常生活中必备的知识。

六甲、九九虽是技术性的知识，但由九九术残简的发现，应该有范本可供参考，因之视之为书籍未尝不可。

字书、六甲、九九外，《论语》《孝经》也是蒙童必读之书，《四民月令》云："十一月，研水冻，命幼童读《孝经》《论语》篇章。"

类似的例子也很多，兹再举数例说明之：范升，九岁通《论语》《孝经》；马续，七岁通《论语》；和熹邓皇后，十二岁通《诗》《论语》；顺烈梁皇后，九岁能诵《论语》。

总而言之，童蒙用书，皆为居家必备，其重要性不亚于五经及医药卜筮种树等著作。因此，当是当时书肆中的畅销书。

五、结语

书籍是传播文化的重要媒介，传递先人累积的经验以启迪后学，而书籍的流通要靠书肆。

汉代的书籍文化，早已引起学者的重视。[1] 但是对于汉代的书肆及其相关的问题，却乏人做系统而深入的研

---

[1] 李瑞良：《秦汉时期的书籍文化》，《秦汉史论丛》1989年第4辑，第154—167页。

究，这与史料零散不足有密切的关系。今不揣浅陋，就汉代文献中与书肆有关的史料逐一爬梳，并试作推论，期望能为研究书史、出版史者提供参考。

综合所论，关于书肆的起源，至迟在春秋战国之际，在汉代则是蓬勃发展的阶段。书肆的产生和发展，系受朝廷提倡读书风气及读书人仕途受到保障后，对书籍需求增加而出现的，和造纸技术的发明无关。但是造纸技术的发明，对书籍的材质的改变，却产生革命性的影响，使书籍由简牍本向纸写本发展。不过，汉代书籍仍是以简牍本为主，大约在晋代纸写本才完全取代简牍本。

至于汉代书籍的出版情况，有一点可以确定，书籍是由书手负责抄写，但是抄写的规模如何，以及如何进行，现在很难作出明确的推论。徐复观先生的由一人念，数人或数十人抄写的假设，可供我们参考。

书肆的发展使书籍走向商品化。汉代书肆中贩卖的书籍，经书之外，医药卜筮种树诸书及童蒙用书，因属居家必备，估计也是贩卖的主力产品。

汉乐府诗"交钱百万两走马"试释

"交钱百万两走马"系汉乐府诗《平陵东》中的一句。《平陵东》始见于《宋书·乐志》,全文为:

> 平陵东,松柏桐,不知何人劫义公。劫义公,在高堂下,交钱百万两走马。两走马,亦诚难,顾见追吏心中恻。心中恻,血出漉,归告我家卖黄犊。

崔豹《古今注》曾云:"平陵东,汉翟义门人所作也。"唐吴兢《乐府古题要解》进一步推演其说:"义,丞相方进之少子,字文仲,为东郡太守;以王莽方篡汉,举兵诛之,不克,见害。门人作歌以悲之也。"宋郭茂倩《乐府诗集》,亦宗其说。黄节《汉魏乐府风笺》,陈直《汉诗作品之断代》，均据此说而解释。[1]但闻一多《乐府诗笺》云："平陵当为昭帝之平陵，玩诗意全不类，诗但言盗劫人为质，今其家输财以赎，如今绑票者所为，因疑义公为我公之误字，说者遂以为翟义事。"余冠英阐扬闻氏的说法，他认为："义是形容字，'铙歌'里的'悲翁'之'悲'，'孔雀东南飞''义郎'之'义'用法相同。"[2]现今大陆学者几乎将余说奉为金科玉律，认为"平陵东"非翟义门人所作，而系对"官吏压榨良民"的控诉。

对"平陵东"故事的本身，出现上述两种分歧的看法；对"交钱百万两走马"的解释，也同样不够周圆。黄节的笺释为："谓诚能救义则不惜交钱百万，使赵（明）霍（鸿）两人走马以救之。"北京大学中文系两汉文学参

---

[1] 黄节及陈直均以《平陵东》之故事为翟义无误，但解释则稍异。黄节认为：翟义兵败被捕，其部属谓如能救义则不惜交钱百万，使赵（明）霍（鸿）两人走马以救之。（《汉魏乐府风笺》，台北：台湾学生书局，1973年，第10页。）陈直的看法为：本诗是叙述翟义在东郡兵败之后，逃往东平陵，又为人劫，义之吏士，出钱马向劫主赎出。（《汉诗作品之断代》，收入《文史考古论丛》，天津：天津古籍出版社，1988年，第29页。）

[2] 余冠英：《乐府诗选》，香港：香港世界出版社，1956年，第13页。

考数据则注云:"筹措钱百万和两匹马实在困难。"张永鑫、刘桂秋《汉诗选译》译作:"逼着交钱一百万,外加两匹八尺骔。"石文英编《汉诗赏析集》虽对整首诗作了较细腻深入分析,也只以"因为百万钱数目非同小可,两匹马价值也相当高"一语带过。

百万钱,诚然是一笔庞大的数目,所以"筹措困难",但它对一个家庭影响有多大?又为什么"两匹快马价也相当高"?这必须经由当时的社会经济实况来考察。

《汉书·扬雄传》云:"雄少而好学……少耆(嗜)欲,不汲汲于富贵,不戚戚于贫贱,不修廉隅以徼名当世,家产不过十金,乏无儋石之储,晏如也。"同书《文帝纪》载,汉文帝"尝欲作露台,召匠计之,直百金。上(文帝)曰:'百金,中人十家之产也。'"颜师古注:"中谓不贫不富。"则"中人之家",约当现代所谓中产阶级。百金为中人十家之产,那么每一个中人之家的财产为十金,一般家庭如果不超过十金,就"乏无儋石之储",生活困苦。每一金即黄金一斤。[1] 每一金值多少钱呢?

《汉书·食货志》载,王莽时以"黄金重一斤,直钱万"。《王莽传》云:"有司奉故事,聘后黄金二万斤,为钱二万万。"《九章算术》,卷七,《盈不足》亦载:

> 今有共买金,人出四百,盈三千四百;人出三百,盈一百。问人数、金价各几何。答曰:三十三人,金价九千八百。

何休《春秋穀梁传解诂》:

> 百金犹百万也。古者以金重一斤,若今万钱矣。

《太平御览》,卷六三三,引《风俗通义》:

> 俗说:有功得赐金者,皆黄金也。谨案:孙子兵

---

[1] 司马迁:《史记》(点校本),香港:中华书局,1969年,第1418页,引臣瓒注:"秦以一溢为一金,汉以一斤为一金。"

书:"日费千金。"千金,百万钱也。陈平楚千金,赠二疏五十斤,并黄金也。或云:一金亦是一万钱也。

尽管对金价尚有异说,但由上述所引,一金值万钱左右,当是可肯定,故汉代一般中产阶级的财产约在十万钱。

至于马的价格,在前汉其变动仅次于粮食,[1]因此,贵贱之间,差距甚大。有贵至每匹百金(《史记·平准书》),也有二十万(《汉书·武帝纪》)、十五万(《汉书·景武昭宣元成功臣表》)不等,在后汉则有一匹高达二百万者(《后汉书·灵帝纪》)。据现存史料所载,通常一匹马的价格,维持在五千五百钱左右。《九章算术·方程》:

今有二马、一牛价过一万,如半马之价。一马、

---

[1] [韩] 师复智:《西汉物价的变动与经济政策之关系》,原载《台湾大学历史学系学报》1977年5月,第2期,收入《汉史论集》,台北:文史出版社,1981年,第46页。该文指出:"在西汉的物价中,以粮食的价格变动最大,马价次之,其他物品的价格变动最小。"

二牛价不满一万,如半牛之价。问牛、马价各几何。
答曰:马价五千四百五十钱一十一分钱之六,牛价一千八百一十八钱一十一分钱之二。

《居延汉简三七·三五》:

候长觻得广昌里公乘公乘礼忠年卅
小奴二人直三万　　用马五匹直二万
宅一区　　万　　　大婢一人　二万
牛车二两直四千　　田五顷　　五万
轺车二乘直　万　　服牛二　　六千
凡訾直十五万

《居延汉简一四三·六》:

甲渠候长李长赣马钱　五千五百分(三大七·五同)

《居延汉简二〇六·一〇》：

> 马钱五千三百已入千二百付隧卒丽定少四千一百。

一匹马的价格约在五千五百钱，两匹马则约值万钱，为何还说"两走马亦诚难"？《汉书·食货志》载李悝尽地力之教谓：

> 今一夫挟五口，治田百，岁收一石半，为粟百五十石，除十一之税十五石，余百三十五石。食，人月一石半，五人终岁为粟九十石，余有四十五石。石三十，为钱千三百五十，除社闾尝春秋之祠，用钱三百，余千五十。衣，人率用钱三百，五人终岁用千五百，不足四百五。

用钱三百，五人终岁用千五百，不足四百五十。钱宾四先生认为："尽地力之教未必真李悝语，且农民经济变动较少，可以推见汉初情形。"[1]实是一语中的。盖《汉书·食货志》亦载晁错言："今农夫五口之家……其能耕者不过百，百之收不过百石。"每亩收入较李悝之时更少。两匹马的价钱，约值一个中等收入家庭财产的十分之一，对一个入不敷出的农民家庭而言，别说两匹马，一匹马都已是难上加难，如此当更能体会"两走马亦诚难"的心境。

本文撰写的目的，不在辩驳故事的本身，而是有感"交钱百万两走马"的解释，大都流于空洞，遂思借由汉代社会经济所反映的实况来分析。通过前述，可知百万钱，在汉代是十个中等家庭的财产，即使是两匹马，它的价钱一般而言，约略是一个中等收入家庭财产的十分之一，因此对入不敷出的农家，也是一个沉重的负担。从这些具体实际的数字来考察，可更深刻地了解体会到"两走马亦诚难""心中恻，血出漉，归告我家卖黄犊"的凄凉与无奈的心情，较"筹措百万钱和两匹马实在困难""两匹快马价值也相当高""不惜交钱百万"等解析，更易引起读者共鸣。

---

[1] 钱穆：《国史大纲》，台北：台湾商务印书馆，1977年，第98页。

试论焚书禁学与独尊儒术

焚书禁学与独尊儒术不仅仅是秦汉史上的两件大事，也是中国历史上的大事，但是在历史上的评价却截然不同。焚书禁学被认为是秦始皇帝的暴政；独尊儒术则是汉武帝的重大事功。不能否认，焚书禁学使中国古代典籍遭受前所未有的厄运；独尊儒术的结果，设置五经博士，传授弟子，使经学成为中国传统学术的火车头。可是，如果从当政者统治策略的角度来考察的话，我们可以发现，焚书禁学与独尊儒术，事实上是一体两面，都是当政者为加强思想控制，使学术走上官学化所采用的措施与手段。

焚书禁学发生于秦始皇帝三十四年（前213）。司马迁对这一幕有生动的描述：

（三十四年）始皇置酒咸阳宫，博士七十人前为寿。仆射周青臣进颂曰:"他时秦地不过千里,赖陛下神灵明圣,平定海内,放逐蛮夷,日月所照,莫不宾服。以诸侯为郡县,人人自安乐,无战争之患,传之万世。自上古不及陛下威德。"始皇悦。博士齐人淳于越进曰:"臣闻殷周之王千余岁,封子弟功臣,自为枝辅。今陛下有海内,而子弟为匹夫,卒有田常、六卿之臣,无辅拂,何以相救哉?事不师古而能长久者,非所闻也。今青臣又面谀以重陛下之过,非忠臣。"始皇下其议。丞相李斯曰:"五帝不相复,三代不相袭,各以治,非其相反,时变异也。今陛下创大业,建万世之功,固非愚儒所知。且越言乃三代之事,何足法也?异时诸侯并争,厚招游学。今天下已定,法令出一,百姓当家则力农工,士则学习法令辟禁。今诸生不师今而学古,以非当世,惑乱黔首。丞相臣斯昧死言:古者天下散乱,莫之能一,是以诸侯并作,语皆道古以害今,饰虚言以乱实,人善其所私学,以非上之所建立。今皇帝并有天下,别黑白而定一尊。私学而相与非法教,人闻令下,则各以其学议之，入则心非，出则巷议，夸主以为名，异取以为高，率群下以造谤。如此弗禁，则主势降乎上，党与成乎下。禁之便。臣请史官非秦纪皆烧之。非博士官所职，天下敢有藏诗、书、百家语者，悉诣守、尉杂烧。有敢偶语诗书弃世。以古非今者族。吏见知不举者与同罪。令下三十日不烧，黥为城旦。所不去者，医药卜筮种树之书。若有欲学法令，以吏为师。"制曰："可。"

从上述记载分析，引发争端的表面原因是淳于越指责周青臣面谀，但是如果深入探讨，我们可以发现，背后是两个先秦主要学派的较劲。周青臣以行郡县来盛赞秦始皇帝的威德；淳于越认为"事不师古而能长久者，非所闻也"，主张复行封建。封建与郡县的争论[1]，早在秦王政二十六年，初定天下之时就已发生过。秦王政接受李斯的建议，行郡县，将天下分为三十六郡。郡县制虽已实行八

---

[1] 关于封建与郡县的争论，可参马先醒师：《封建、郡县之论争与演进》，《简牍学报》第三期，第77—104页。

年，封建的观念还在，仍有人昧于时势公然倡言恢复封建，因此不得不采取断然的措施。

李斯建议秦始皇采取焚烧诗、书、百家语及欲学法令以吏为师的措施，可从两个方向来考察。就学派的渊源而言，法家是战国时代变法运动的主要推动者，主张改革不必遵循先王之道，所以商鞅说："三代不同礼而王，五伯不同法而霸"；"治世不一道，便国不法古"。李斯云："五帝不相复，三代不相袭，各以治，非其相，时变异也。"商鞅又认为记载儒家所尊崇的先王之道的诗、书等经书，有害于农战政策的推行，进而指出"农战之民千人，而有诗书辩慧者一人焉，千人者皆怠于农战矣"，"虽有诗、书，乡一束，家一员，犹无益于治也"[1]。韩非继承这种理论，明白地表示："明主之国，无书简之文，以法为教；无先王之语，以吏为师。"甚至直接指出"商君教孝公……燔诗、书而明法令"。故李斯的焚书禁学建议是贯彻学派的基本主张。

---

[1] 高亨译注：《商君书译注》，北京：中华书局，1974年，第35、37页。

其次，为了维持长期稳固的统治，避免惑乱黔首的思想继续存在，不得不采取釜底抽薪的手段，明示不得以古非今，诗、书及百家语非博士所职者均得烧毁，偶语诗书者弃世，欲学法令者以吏为师，目的为断绝儒家法先王思想的源头，由官方取得学术思想的主导权与解释权。秦始皇是一位多样性格的务实的统治者，[1]他认可此建议。当然，另由"始皇下其议"这句话来判断，这个建议也有可能是秦始皇授意李斯提出的。

独尊儒术在汉武帝建元元年（前140），武帝初即位时已经出现征兆，是时武帝下诏要求丞相、中二千石、二千石、诸侯相举贤良方正直言极谏之士。丞相卫绾奏请："所举贤良，或治申、商、韩非、苏秦、张仪之言，乱国政，请皆罢。"得到武帝的认可。但因窦太后笃好黄老而暂缓实施。至建元五年（前136），武帝始置五经博

---

[1] 郭沫若认为："秦始皇的精神从严刑峻法的一点说来是法家，从迷信鬼神的一点说来是神仙家，从强力疾作的一点说来是墨家。"见《吕不韦与秦王政的批判》，载《十批判书》，北京：东方出版社，1996年，第470页。

士，独尊儒术，确立经学在我国学术体系中的地位。

元朔五年（前124），汉武帝任命博士公孙弘为丞相，封平津侯，并采纳其建议，为博士官置弟子五十人，免除他们的人头税等税捐及徭役，使之专心从博士向学，学成通过考核可以为吏。这一措施使学习经书成为入仕的预备途径，对学经有积极的作用。因此，司马迁说："自此以来，则公卿大夫士吏斌斌多文学之士矣。"邹鲁一带也流传着"遗子黄金满籝，不如一经"的俗谚。以利禄来鼓励学习经书，使公卿大夫士吏多文学之士，造成士人政府。[1]相对的也有利于思想的统一与控制。

学经有助于利禄之途，说经者因此日众。说经者日众，各有家法与师说，而经之异说分歧日益加深。经说分歧日益加深，不利于思想的统一与控制，乃不得不谋整齐以归一是。于是汉宣帝在甘露三年（前51）召集诸儒讲论五经异同，史称"石渠阁会议"。这次会议虽然在《汉书》的《宣帝纪》《儒林传》以及《资治通鉴》都有著录，

---

[1] 钱穆：《国史大纲》，台北：台湾商务印书馆，1977年，第108—109页。

不过并未留下详细记载。但有一个特点,就是讨论的结果由皇帝"称制临决"。意味着"经"和"经学"作为政治指导思想,已较完整地建立起来。[1]

石渠阁会议后,经学博士已扩充到十四家,且多属今文经学。所谓今文经,是指博士所传习的经典是由老师宿儒口授,用当时通行的隶书抄写者。但在汉惠帝除挟书律,广开献书路后,未经秦火所焚,以六国文字书写的经书,渐次复出于人间,此即所谓的古文经。[2]所以到西汉晚期,就出现了今文经学与古文经学的分野,引发今古文经学之争。

东汉政权建立后,今文十四家博士之学仍被列为学官。尊师说守家法的现象并未改观,各家对所传的经籍分章逐句解说,章句繁多,甚至注《尧典》一篇就用了十余万字,形成所谓"章句小儒,破碎大义"的情况。同时经今古文学之争并未稍戢,在汉代经今古文学有三次大论

---

[1] 章权才:《两汉经学史》,广州:广东人民出版社,1990年,第91页。
[2] 徐中舒:《经今古文问题综论》,载《纪念顾颉刚学术论文集》,成都:巴蜀书社,1990年,第65—72页。

争,其中两次发生在东汉。[1]因此,当政者面临统治思想受到巨大冲击的时候,自然考虑到如何删汰今文经学,扶持古文经,在今古文经学之间找到一个共同的基础。所以就有白虎观会议的召开。[2]

汉章帝建初四年(79),由章帝亲自主持,在京师洛阳的白虎观大会群儒,讲议五经同异,展开重建统治思想的辩论,史称"白虎观会议"。这次会议是西汉宣帝石渠阁会议的延续,最后也由章帝"称制临决",使思想整齐归一。唯一不同之处是,此次会议留下了详细的会议记录——《白虎通义》一书,让我们对当时讨论的情形,有较明确的认识。

《白虎通义》的内容庞杂,在此我们不拟作全面的讨论。但从政治控制及思想统一的角度来分析,可以发现它

---

[1] 汉代三次经今古文之争,第一次是在西汉成、哀之际,刘歆与太常博士的论战;第二次是东汉光武建武初年,由韩歆发动,欲立《费氏易》《左氏春秋》为博士;第三次在汉章帝建初元年,主要讨论《春秋》大义优劣问题。
[2] 章权才:《两汉经学史》,广州:广东人民出版社,1990年,第212—213页。

主要是以礼教为中心，特别强调君为臣纲，父为子纲，夫为妻纲的观念，企图将三纲六纪从家庭伦理转换为维系社会，强化国家统治的力量，故有学者将之视为经学的"国宪"化。[1] 从此以经学为主体的儒家思想，成为历代当政者奉行的圭臬，官学的主流，对经学的解释也操诸当权者，唐代孔颖达的《五经正义》，宋代王安石主编的《三经新义》皆是此类。

焚书禁学与独尊儒术的目的都是要统一思想，但禁的手段过于简单粗暴，对各种学术活动又一律加以取缔，只允许通过法令制度体现出来的一家之言，自然易遭反弹。独尊儒术以儒术作为培养人才、选拔人才的基准，并干以利禄，所以较易推行，宣扬的理念也能获大众的回响，故今天我们仍深受其影响。

---

[1] 章权才：《两汉经学史》，广州：广东人民出版社，1990年，第214页。

王昭君与冯夫人
——谈西汉对外关系史上的两位女性

一、前言

西汉时期与边疆民族的往来，尤其是和匈奴及西域，大体上有和亲、征伐、厚贿、质子、以夷制夷等方式。和亲策略是汉高祖出击匈奴前娄（刘）敬建议的，在汉高祖兵败白登山后才被采纳实施。和亲公主的选派，是由宫女或是宗室女充任，宗室女多数在触犯法律的宗室家庭中挑选。[1]

在汉代的和亲公主中，受民间传说的影响，王昭君的故事广为人知，特别是王昭君不愿贿赂毛延寿之事，更

---

[1] 汉武帝元封年间（前110—前105），派遣江都王建女细君为公主下嫁乌孙昆莫（乌孙国王称号，后改称昆弥）猎骄靡，而江都王建在元狩二年（前121）因谋反被杀；继细君公主之后下嫁乌孙昆莫之孙岑陬（名曰军须靡）的解忧公主，她的祖父楚王戊则在景帝三年（前154）因参加七国之乱被诛，故细君公主和解忧公主之所以获选为和亲公主，当与父祖之谋反事有关。

受大众传颂,此事是否属实?本文拟加以辨析,使读者了解传说与史实的区别;至于冯夫人虽不是和亲公主,仅是解忧公主的侍者,可是她却在西汉武、昭、宣时期对西汉经营西域做出重大贡献,可以说是一位女外交家,因她的事迹较少为人知,故特为介绍。

二、王昭君真的贿赂过毛延寿吗?

根据民间传说,提到王昭君,自然而然令人联想到毛延寿。在传说中系因王昭君不肯贿赂毛延寿,才走上"和番"这条凄凉悲哀的旅途。但真相是否如此?我们必须从史实来考察。

王昭君被选为和亲公主,下嫁匈奴一事,发生在汉元帝竟宁元年(前33)。《汉书·元帝纪》记载了这件事:

> 竟宁元年春正月,匈奴呼韩邪单于来朝。诏曰:"匈奴郅支单于背叛礼仪,既伏其辜,呼韩邪不忘恩德,乡慕礼义,复修朝贺之礼,愿保塞传之无穷,边陲长无兵革之事。其改元为竟宁,赐单于待诏掖

庭王嫱为阏氏。"

同书《匈奴传》也记载:

> 竟宁元年,(呼韩邪)单于复入朝,礼赐如初,加衣服锦帛絮,皆倍于黄龙时(按:黄龙,宣帝年号,仅一年,即公元前49年,是年12月宣帝崩,元帝即位)。单于自言愿婿汉氏以自亲。元帝以后宫良家子王嫱字昭君赐单于。……王昭君号宁胡阏氏,生一男伊屠智牙师,为右日逐王。

从上述两段记载,可知在《汉书》中有关王昭君的事迹非常简略,二者对事实的交代,几乎相同,唯值得注意的是,毛延寿并未被提及。到范晔撰写《后汉书》时,对王昭君之事,才有较详细的记录。《后汉书·南匈奴列传》云:

> (王)昭君字嫱,南郡人也。初,元帝时,以良家子选入掖庭。时呼韩邪单于来朝,帝敕以宫女五

人赐之。昭君入宫数岁,不得见御,积悲怨,乃请掖庭令求行。呼韩邪临辞大会,帝召五女以示。昭君丰容靓饰,光明汉宫,顾景裴回,竦动左右。帝见大惊,意欲留之,而难于失信,遂与匈奴。

这里的记载,已较《汉书》详细,和后来的传说,亦有部分雷同。相同之处为,昭君入宫多年,不得见御,及汉元帝见后,方惊艳于其美貌,有点舍不得将之赐予呼韩邪单于。相异之处为,王昭君系因多年未得见御,积悲怨而自请加入和亲的阵容。但和毛延寿仍扯不上关系。

王昭君的故事和毛延寿有所关联的记载,最早见诸《西京杂记》一书,其说法为:

元帝后宫既多,不得常见,乃是画工图形,案图召幸之。诸宫人皆赂画工,多者十万,少者亦不减五万。独王嫱不肯,遂不得见。匈奴入朝,求美人为阏氏,于是上案图,以昭君行。及去,召见,貌为后宫第一,善应对,举止闲雅。帝悔之,而名籍已定。帝重信于外国，故不复更人。乃穷案其事，画工皆弃市，籍其家，资皆巨万。画工有杜陵毛延寿，为人形丑好老少，必得其事。安陵陈敞，新丰刘白、龚宽，并工为牛马飞鸟众势，人形好丑，不逮延寿。下杜阳望，亦善画，尤善布色。樊育亦善布色。同日弃市。京师画工，于是差稀。

以上这一段记载，有几个疑点待讨论。首先，诸宫人欲得幸必须贿画工，目的在将其个人图像画得漂亮些，那么她们行贿的画工对象是谁？毛延寿人像画得最好，当然是第一对象。但是内庭供职的画工不止一人，例如陈敞、刘白、龚宽三人，人像画虽不如毛延寿，他们还是有机会画人像的。其次，从贿赂画工所需的费用，少则五万，多则十万来看，这些钱不会只贿赂一人，行贿的对象应是全体画工。所以王昭君不肯行贿的对象不会仅是毛延寿一人。再次，我们再回过头来考察《西京杂记》这段记载，画工受贿之事会爆发，源于王昭君的和亲行，使汉元帝了解画工的劣行，因此在盛怒与悔恨交加之际，将众画工弃市。后人根据此一记载而断言王昭君不肯贿赂的画工是毛延寿，显然有待商榷。

另外，《西京杂记》的成书年代，我们也必须加以考虑。《西京杂记》相传是汉代刘歆所撰，但在《隋书·经籍志》，并未著录撰人，《旧唐书·经籍志》和《新唐书·艺文志》，则并题为葛洪所撰；近人鲁迅在《中国小说史》一书中也认为作者是葛洪。如果作者是刘歆，班固当会看到《西京杂记》的，但班固并未采纳这一说法。若是葛洪所撰，葛洪为西晋末东晋初人，其出生时间远较南朝刘宋时范晔早，范晔亦应有机会看到《西京杂记》。可以认为班固与范晔两人可能会看到《西京杂记》。可是范晔写王昭君事虽踵事增华，却仍未考虑《西京杂记》之说。班固、范晔都未引用，显然他们是对此说存疑的。还有一种可能的情形，是《西京杂记》的作者不是刘歆，也不是葛洪，成书在范晔之后，致班、范二人未见其书，才未引用。

从上述的简略分析，可知王昭君不肯贿赂毛延寿的故事，大约是在刘宋之后才出现的，流传至今，经后人不断渲染，致和原来的事实大相径庭，离题越来越远。宋代王安石在其所撰《明妃曲》中，有"当时枉杀毛延寿"之句，隐约有替毛延寿申冤之意，可惜后人鲜少注意，故一误再误，以讹传讹，至今仍受错误观念影响。王昭君被选派为和亲公主，下嫁匈奴呼韩邪单于，虽然不是因不肯贿赂毛延寿而引起的，但相信也不是心甘情愿地走上和亲之路的。王昭君的和亲，对此后汉匈和平关系的维系有具体的贡献。今天我们抚今追昔，对于这位不平凡的女性，还是要致以崇敬之意。

三、冯夫人的事迹

冯夫人本名嫽，主要事迹见诸《汉书·西域传》，因她是解忧公主的侍者，故出身背景交代不详，但班固说她"能史书，习事"。"能史书"是汉代常见的一个名词，有时又称"善史书"，大体上凡能读书识字者，皆可如此称之。因此冯夫人能识字又行事干练，她的家庭背景应该不会太差。

冯嫽以侍者的身份随同解忧公主"和亲"到乌孙，大约在汉武帝太初四年（前101）。汉武帝派遣公主到乌孙"和亲"，是为拉拢乌孙共拒匈奴，和匈奴角逐对西域的控制权。汉武帝曾两度派遣公主"和亲"到乌孙，一次是元封年间细君公主下嫁到乌孙昆莫猎骄靡；另一次是昆莫孙岑陬（官号）军须靡继立后的解忧公主下嫁。[1]

解忧公主嫁给军须靡不久，军须靡就去世了。军须靡临终前，将王位让予叔父大禄子翁归靡，并要求翁归靡将来需将王位传给军须靡与胡妇（匈奴公主）所生之子泥靡，此事埋下以后乌孙内部纷争的导火线。解忧公主在岑陬去世后依习俗再嫁翁归靡，生下三男两女，长男名元贵靡，次子名万年为莎车王，三子名大乐为左大将军；长女名弟史为龟兹王绛宾妻，小女名素光为乌孙若乎翎侯妻。

冯嫽随解忧公主至乌孙后，嫁给乌孙右大将军为妻。经常持汉节担任公主的使者，出使西域各国，赏赐各国贵人礼物，获得各国人民的信赖，因此博得"冯夫人"的尊称。

---

[1] 汉宣帝元康二年（前64）乌孙昆弥翁归靡亦曾为其与解忧公主所生之子元贵靡向汉朝求婚，宣帝以解忧公主侄女相夫为公主下嫁。但至敦煌，尚未出塞前，接到翁归靡去世，元贵靡未得立，由前昆莫军须靡与匈奴夫人所生之子泥靡代为昆弥的讯息，因此汉宣帝征还相夫公主，故此次"和亲"未成功。

冯夫人至乌孙这一年，刚好是汉武帝对大宛战争获胜的次年，汉朝于轮台、渠犁等地屯田，设置校尉领护，开始经营西域。是时，西域三十余国中除乌孙外，其余各国或大或小都还受匈奴的控制。是时汉朝在轮台及渠犁的屯田兵数量不多，且距长安路程遥远，补给转输困难，所以汉朝在西域的影响不大。冯夫人常以公主使者的身份巡行各国，又普获信任，对削减匈奴在西域的影响力，促进西域各国与汉朝的关系是有帮助的。

汉昭帝时，匈奴西徙，逐渐逼近西域，在车师屯田，并设僮仆都尉加紧控制西域。同时遣使至乌孙，要求将解忧公主献出，还侵占了乌孙的车延、恶师等地。解忧公主上书昭帝，请求派兵救援。当公卿讨论欲出兵讨伐匈奴之际，昭帝去世。宣帝即位后，公主与昆弥均遣使上书，请天子出兵营救公主、昆弥。宣帝于是派出十五万大军，由五将军率领，分五路出塞伐匈奴；并派常惠和昆弥领兵五万，自西向东夹击。汉兵无所获，乌孙大获全胜。常惠因此获封为长罗侯，汉朝派遣其持金币赏赐乌孙有功贵人，汉朝与乌孙的关系更加密切。

翁归靡去世后，乌孙贵人遵守军须靡临终嘱咐，舍翁归靡与解忧公主所生之元贵靡，立泥靡为王。泥靡又以解忧公主为妻，并产下一男名鸱靡。但泥靡与解忧公主不和，又失去民心，于是解忧公主和汉朝使者共谋，刺伤泥靡，泥靡逃走。汉与乌孙的关系陷入低潮。

泥靡为解忧公主和汉使所伤时，翁归靡与匈奴夫人所生之子乌就屠，率众据北山，并"扬言母家匈奴兵来"，一时附之者甚众。乌就屠遂袭杀泥靡，自立为昆弥。汉宣帝闻讯，派遣破羌将军辛武贤将兵一万五千人至敦煌，准备进讨乌孙。这时，西汉第一任西域都护郑吉请冯夫人设法解决。冯夫人的丈夫乌孙右大将军和乌就屠相友爱，冯夫人利用这一层关系，劝乌就屠不要投降匈奴，仍要归顺汉朝。她说："汉兵方出，必见灭，不如降。"乌就屠听后非常惶恐，表示愿意归汉，并得到"小昆弥"的封号。

汉宣帝为彻底了解乌孙情势，将冯夫人召回长安。冯夫人觐见宣帝后，据实以报，获委重任，奉诏以正使身份，乘锦车，持汉节，回到乌孙，处理乌孙问题。冯夫人到乌孙后，以宣帝之诏，命乌就屠到长罗侯常惠驻扎的赤谷城，同时立元贵靡为大昆弥，乌就屠为小昆弥，都颁赐给印绶。辛武贤的大军因之不出塞而还，一场乌孙内部的纷争得以和平落幕，汉朝与乌孙低迷的关系得以恢复。汉宣帝甘露三年（前51），解忧公主已七十岁，加上两个儿子元贵靡、鸱靡都病死。所以公主上书宣帝，以年老多病为由，请求回到汉地，以终天年。宣帝很同情她的处境，派人将她接回长安，赐给田宅奴婢，仪同公主，奉养甚厚。冯夫人大约也于此时随同回到长安。

元贵靡去世后，由其子星靡继立为大昆弥，但是星靡个性怯弱，乌孙人多归附小昆弥，乌孙局势再度陷入动荡。于是冯夫人上书宣帝，表示愿意出使乌孙，镇抚星靡。宣帝批准了冯夫人的请求，派遣百名士卒护送她前往。冯夫人以古稀之年再度到乌孙，配合当时西域都护韩宣向汉廷的建议，赐给乌孙大吏、大禄、大监等金印紫绶，拉拢他们尊辅大昆弥星靡，才使乌孙局势获得安定。冯夫人此次出使乌孙，是否再度回到长安，未见诸记载，大约是在此后不久就去世了。之后汉朝只靠武力来巩固乌孙政局，维系双方关系。

四、结语

在探讨西汉与匈奴及西域的关系史时，一般人往往囿于传统观念，谈征伐匈奴，但言卫青、霍去病等人之功绩；论经营西域，仅提张骞、郑吉、傅介子、常惠、甘延寿、陈汤、段会宗诸君的勇略，对于王昭君、冯夫人的事迹则鲜述及。

笔者在研习西汉对外关系史时注意到王、冯事迹值得介绍，为彰显她们的牺牲奉献，曾撰《毛延寿比王昭君还冤》一文，刊载于1986年11月21日的《"中央"日报》（长河版），本文有关王昭君与毛延寿关系的讨论，即就此旧稿修改而成。而有关冯夫人一文，因杂事所误，迟迟未能动笔，后见北京大学历史系张传玺教授有《冯夫人本事》一文，介绍颇详，也就放弃撰写的念头。今为辅助同学了解西汉经营西域的史实，特参考张教授大作，略作删削增补而成本文的第三节。又冯夫人随同解忧公主"和亲"到乌孙，比王昭君出塞还早六十八年，依行文习惯，理应先述冯夫人之事，再谈王昭君。但因王昭君的传说流传广，为引起读者的阅读兴趣，故反其道而为，盼方家谅之。

"一字千金"
——吕不韦的营销手法

历史是对人类过去活动的记载。虽说构成历史的三要素人、空间（宇）、时间（宙），需相辅相成，同时并存方可称历史，[1]不过人的比重应该还是会多一些。

秦从建国到统一天下的过程，有许多人为此事业做出具体的贡献。例如：秦穆公、秦孝公、秦始皇、百里奚、商鞅、吕不韦、尉缭、李斯等。本文要谈的是吕不韦的商人特性和他如何促销他主编的《吕氏春秋》，至于《吕氏春秋》的内容仅作略述。

谈到吕不韦，自然无可避免地会卷入秦始皇是否是吕不韦之子的历史公案中。这个话题说来话长，历史学界至今仍有赞成、反对和调和论三派，持论各自僵持不下，

---

[1] 赵铁寒：《中国通史》，台北：禹甸文化事业有限公司，1981年，第5页。

因此本文对此不拟赘述。

吕不韦是一位出生于商人世家，且活跃在战国晚期的大商人。虽然因经商致"家累千金"，但在那强调耕战为尚的时代里，商人的地位不仅无法和农人相比拟，甚至还被当成一个不懂礼仪、毫无廉耻、惯使狡诈之徒，是卑劣到几近于罪犯、家奴的人。

身处这种环境，吕不韦并不气馁，他随时注意从各方面充实和磨砺自己。且暗下决心，不仅要做杰出的商人，更要在政治方面做出一番事业。所以他后来曾向人如此说道：

> 尝得学黄帝之所以诲颛顼矣，爰有大圜在上，大矩在下，汝能法之，为民父母。

这段话的大意为：我曾经有机会学习黄帝用以教诲颛顼的话。黄帝说：有皇天在上，大地在下，你如果能效法天地，那你就可以担当起治理天下的重任，成为庶民的父母。

由于有这种认知，再加上商人的敏锐观察特性，吕不韦洞察当时天下大势，深知能够让他达成目的，成就帝王之业的只有秦国。但是如何和秦国搭上线，却一直苦无机会。等到遇见被秦国送往赵国当人质，沦落在邯郸街头的落魄王孙嬴异人时，吕不韦不禁意有所指地直呼"此奇货可居"。进而与他的父亲进行了一段寓意深长的对话。《战国策·秦策五·濮阳人吕不韦贾于邯郸》云：

> 濮阳人吕不韦贾于邯郸，见秦质子异人，归而谓父曰："耕田之利几倍？"曰："十倍。""珠玉之赢几倍？"曰："百倍。""立国家之主赢几倍？"曰："无数。"曰："今力田疾作，不得暖衣食；今建国立君，泽可以遗世。愿往事之。"

这一段话中，因吕不韦提到耕田及贩卖珠玉所得利润，仅有十倍、百倍，远不如拥立国君所得的好处大，故常被人视为吕不韦商人投机牟利心态的表现。但我们仔细考虑他最后所说的"今建国立君，泽可以遗世"这句话时，发现吕不韦的看法应是立国君可以名留后世，并非全然是着眼于可获得比耕田与贩卖珠玉更多利益这点上，显然吕不韦有较长远的眼光。

由于吕不韦的努力与奔走，嬴异人终于被当时的秦国太子安国君立为嗣子，并回到秦国继立为国君，即秦庄襄王。吕不韦因此当上丞相，封为文信侯，食洛阳十万户。他的"建国立君，泽可以遗世"的目的已全部实现。

吕不韦飞黄腾达后，仿当时的四大公子——齐的孟尝君、楚的春申君、魏的信陵君、赵的平原君的作风，进行养士。唯一不同是吕不韦所养的士，应非鸡鸣狗盗之徒，故能集这些门下客的力量，使其贡献个人心智，编纂成《吕氏春秋》一书。

《吕氏春秋》是反映吕不韦政治主张的一部著作。书编纂完成之后，吕不韦命人将之"布咸阳市门，悬千金其上，延诸侯游士宾客有能增损一字者予千金"。这是著名的"一字千金"典故的由来。

吕不韦为什么宣称只要有人能够增损《吕氏春秋》内容一字，就会给予千金的奖赏呢？《吕氏春秋》真的是一部在内容和文字上都很完美，不能再作更改的一部著作吗？

《吕氏春秋》一书公布后，当时确实无人前往加以改动更易，故东汉高诱在《吕氏春秋·序》中指出："时人非不能也，盖惮相国畏其势也。"也就是害怕吕不韦的权势致无人敢更动《吕氏春秋》一笔一画。换言之，吕不韦将《吕氏春秋》公布在咸阳市门上，也有试探一般人对他是否有微词的功用。是时，秦庄襄王已去世，其子秦王嬴政继立虽已八年，但仅及弱冠之龄，年纪尚轻，吕不韦为相国，号仲父，俨然是太上皇，因而两人之间的关系亦日趋紧张，这种情形下，相互疑忌之心不能说没有。不过从商业营销手法的角度来看这件事，会有不同的结果。按：在纸未普遍成为书写工具时，文字主要书之于竹帛，帛价昂贵，因此简牍是最常见的书写材料，一部书往往要花费甚多的简牍方能写就，故东方朔在汉武帝时公车上书，"凡用三千奏牍"，公车令两人才能勉强抬得动。可见用简牍写就的书籍过于笨重、流传不易，再加上没有印刷术的配合，要使书籍大量公之于世，可谓难上加难。那么吕不韦花费了不少心力，集门下客编成的这一部著作，当然希望能够广为流传。所以他出千金高价，企盼有人来增损一字，除前述的政治用心不得不考虑外，吕不韦企图引发人们强烈好奇心，激发人们前往细读全文、深揣文意的强烈兴趣的用心不能说没有。[1]

现代商场上，厂商推出的新产品能否畅销，除产品本身的质量外，端赖其营销手法，而商品的营销手段，即设法吸引消费者的注意力。从这个方向来考察，吕不韦不愧是一位靠经商致富的成功商人，同时能活用商场的各种策略于日常行事上。

吕不韦召集门下客编辑《吕氏春秋》，目的在于反映他的政治主张与理想，为统一帝国预先规划立国的宏规。全书由十二纪、八览、六论等三个部分组成，共有二十六卷，子篇一百六十篇，分篇极为整齐。十二纪每纪各五

---

[1] 吕锡琛：《新道家的厄运与秦王朝的衰微》，载《道家、方士与王朝政治》，长沙：湖南出版社，1991年，第61页。书中有载："采取易一字予千金的手段，正是为了将书中反专制、虚君分权等政治主张传播于天下，为吕氏主持朝政并继续分享权力制造舆论。因为人们尽管慑于吕不韦的权势而不敢真对该书增损修改，但一字千金这一昂贵代价必然引起人们强烈的好奇心，激发起人们细读全文、深揣文意的强烈兴趣，从而使其思想主张不胫而走，深入人心。"

篇，八览除第一览是七篇外，其余每览各八篇，六论每论各六篇。书中纪、览、论各卷，大体都围绕一个总主题，每一子篇在这个总主题的统辖下，又各有自己的篇旨；而各个子篇之间，大都有互相联系或层次的关系，总体规制及至篇章结构均整齐划一，在先秦诸子中堪称独一无二。由此也可以看出，本书虽由吕不韦门下客集体撰写，但作为组织者和总编辑的吕不韦，写作前曾有过严密的构想和计划，写作后又精心地下过一番统一调整和文字修饰的功夫。

《吕氏春秋》可说是一部帝王学，它的核心内容就是为君主提供一种"南面术"。书中用了大量篇幅反复论述这种南面术，概括起来就是要"主执圜，臣执方"，简单地说就是"虚君实臣"。做国君的，只要给臣子定下明确的职责，自己只管坐在大位上，把自己的智慧、才能、作为全部藏起来，什么事也不用管，让臣子将他们的智慧、才能、作为全部使出来，什么事都放手让他们各按自己的职责去做，天下就可治好。国君放手让臣子各按自己的职责去做，那么哪些人值得信赖？那就要重用贤人，即由智慧和品德都很高的贤士来辅佐国君，掌管国政。另外，在政治制度方面，《吕氏春秋》主张行封建制度。

不过这些理念与主张和秦王嬴政有明显的冲突，秦王嬴政凡事躬自操持，"天下之事无小大皆决于上，上至以衡石量书，日夜有呈，不中呈不得休息"。"博士虽七十，特备员弗用"。因此当然不会将职责全委诸臣下。不能信赖臣下，自然谈不上任用贤人，且秦任法，"事皆决于法"，能获特别重用的大概只有狱吏。而封建的主张更和秦王嬴政的郡县观念不合。所以政治理念和秦王嬴政的不同，是吕不韦遭罢黜及丧失生命的主因。

后记：本文系自拙文《吕不韦的商人特性》增补润饰而成，其中某些看法在此已做修正。

汉代的"政治明牌"
——谶纬

谶纬是汉代的一股重要的学术思潮,也是一种独特的政治历史观,尤其在东汉时期更是盛极一时,号为"内学",尊为"秘经"。

谶纬为何在汉代如此盛行呢?顾颉刚先生在《秦汉的方士与儒生》(原名《汉代学术史略》)一书中指出:

> 谶纬书的出现,大约负有三种使命:其一,是把西汉二百年中的术数思想做一次总整理,使得它系统化。其二,是发挥王莽、刘歆们所倡导的新古史和新祀典的学说,使得它益发有证有据。其三,是把所有的学问,所有的神话都归纳到六经的旗帜之下,使得孔子真成个教主,六经真成个天书,借此维持皇帝的位子。

顾先生这段话固然指出汉代谶纬盛行的原因，但也有可议之处。《说文解字》云："谶，验也，有征验之书。河、洛所出书曰谶。""纬，织衡书也。"段玉裁注："引申为凡交会之称。汉人左右六经之书，谓之秘纬。"许慎认为谶、纬之本义大相径庭，是有根据的。盖谶是一种隐语，用以预决吉凶，现在一般人在庙宇中求签，实即求谶。纬则是相对于经而言，是对儒家经义的某种引申、演绎与诠释。所以顾颉刚先生所述，应该是指纬书的发展。

谶、纬二者本义既然不同，为何后来会连称？鄙意以为纬书虽然用来解释儒家经典，但其中却包含了不少谶语在内。例如：《孝经纬·援神契》说孔子作《春秋》、制《孝经》后告于天，于是"天降宝玉，上有刻文，孔子跪受而读之曰：宝文出，刘季握，卯金刀，在轸北，字禾子，天下服"。由于纬书中充斥谶语，故后来有可能因此而将谶、纬连称。

顾颉刚先生虽然将谶、纬混为一谈，认为没有区别；不过他指出："把所有的学问，所有的神话都归纳到六经的旗帜之下，使得孔子真成个教主，六经真成个天书，借此维持皇帝的位子。"却也道出部分实情。盖谶纬在汉代流行，影响最大的即在汉代的今文经学及政治方面，本文将着重分析其对政治的影响。

谶纬在汉代与政治的关系，可分为两方面来说明：一是当政者用来巩固王权，作为支持政权永恒性的依据；二是用来表达对政权的不满，甚至以之作为反对当局的主要依据。

当政者利用谶纬来巩固王权，亦可从两个方向来分析：一是作为支持政权永恒性的依据，以延续政权；二是用来表示政权取得的合法性。

谶纬的基本核心系以天命论来说明君权神授，再由君权神授推出统治秩序及伦理道德的神圣化、绝对化；以天意说明统治的永恒性，以延续政权的生命，目的为巩固王权。这种事例，在汉代屡见不鲜，于此我们可以汉哀帝改元之事加以证明。

汉哀帝时外戚当政，朝政腐败，《汉书·鲍宣传》称其时人民"有七亡而无一得""有七死而无一生"；《孔光传》也指出"百官群职旷废,奸宄放纵,盗贼并起,或攻官寺,杀长吏",造成严重的政治社会危机。故待诏夏贺良献上方士甘可忠造的谶纬,"赤精子之谶:汉家历运中衰,当再受命,宜改元易号"。哀帝接受了夏贺良的建议,决定改元易号,将建平二年(前5)改为太初元将元年,号曰陈圣刘太平皇帝。甘可忠、夏贺良所造的谶书也被收藏于政府的藏书之所——兰台。虽然两个月后,夏贺良等以反道惑众罪,下有司,哀帝也取消了所有改元易号。但从其接受夏贺良的建议而进行改元易号的初衷来看,哀帝有意借谶纬来说明统治的永恒性,以延续政权的意图相当明确。

利用谶纬作为取得政权合法性护身符的首推王莽。王莽以外戚王氏累世经营的基础,得以遂行其代汉而治之志。但为掩饰其取得政权手段的不当,企图使其代汉能够合法化,因此大量利用谶纬,逐步达成其目的。《汉书·王莽传》对此一过程有详细的记载。

首先,在平帝驾崩后,王莽以宣帝玄孙广戚侯子婴嗣位,号称"孺子婴"。同月,即有前辉光谢嚣奏武功长孟通浚井时，挖出一块上圆下方的白石，上面写着八个红字——"告安汉公莽为皇帝"。因此由王舜等奏请王太后下诏，以王莽摄行皇帝之事，称"假皇帝""摄皇帝"。

假皇帝自然不能满足王莽的野心，所以居摄三年（8）宗室广饶侯刘京上书说：齐郡临淄县昌兴亭长辛当，有一天夜里连做几次梦，都梦见有一个人向他说：我是天公的使者，天公派我来通知你，"摄皇帝当为真"，如果你不信，我将在这亭中开凿一口新井。次日，亭长起床后，果然发现一口几乎深达百尺的新井。另外，又有巴郡的石牛、扶风的石文，都送到长安。当王莽与王舜等去观看时，突然刮起狂风，风停后，石前留有一幅铜符帛图，上写："天告帝符，献者封侯。承天命，用神令。"于是王莽献上这些符瑞谶语，向王太后要求号令天下的奏书都直称"皇帝"，不加"摄"字。意即王莽"假皇帝"干得不过瘾，想当"真皇帝"。

王莽吐露心声后，不久就有一位名叫哀章的无赖之徒，做了两个铜匮，一个上面写着"天帝行玺金匮图"表示上帝的命令；另一个写着"赤帝行玺邦传予黄帝金策书",表示五帝中的赤帝将传位给黄帝(据五德终始说)。赤即刘邦,而黄帝即王莽。王莽是真天子,皇太后应顺天命而行。夜里哀章把两个铜匮送到高帝庙,王莽得信后,次日即赶往,拜受高帝禅让。

由前述,可知王莽代汉,系经过一连串安排,利用符瑞谶语,来证明其政权取得的合法性。而且代汉之后,更依哀章所上图书中所列大臣名单,任命大臣。更命五威将王奇等十二人颁布符命四十二篇于天下,说明汉的"火德"已亡,他的"土德"当兴(火生土),证明其取得政权的合法性。

王莽之后,利用谶纬来证明政权合法性的高手是汉光武帝刘秀。刘秀之善于运用谶纬,可以说是师法王莽故技。当刘秀在南阳起兵前,宛人李通就以图谶"刘氏复起,李氏为辅",来坚定刘秀心志。后来刘秀在鄗即位时,也是受谶纬"赤伏符""刘秀发兵捕不道,四夷云集龙斗野,四七之际火为主"的影响,故其即位告天祝文,并引用"刘秀发兵捕不道,卯金修德为天子"的谶语。同时为了为刘秀造势,各种有关的谶语也纷纷出笼,例如《河图合古篇》云:"帝刘之秀,九名之世,帝行德,封刻政。"

刘秀善于利用谶纬来为政权树立合法性,但也碰到一个厉害的对手。此人为王莽时任导江卒正(蜀郡太守)的公孙述。《后汉书·隗嚣公孙述列传》记载:王莽灭亡之后,四方豪杰并起,公孙述先自立为蜀王,后来自立为天子,国号成。他根据王莽所创的五德系统,以为土生金,因此他在王莽之后,应为金德,色尚白。同时引用谶记"孔子作春秋,为赤制而断十二公",说明汉代自高帝到平帝是十二代,汉的气数已尽,一姓不得再受命,所以刘秀虽有"赤伏符"还是无效的。公孙述又引《录运法》"废昌帝,立公孙",《括地象》"帝轩辕受命,公孙氏握",《援神契》"西太守,乙卯金"等说法,指出他姓公孙,应当受命。他以西方的太守起家,应当去乙绝卯金(刘);又说,五德之运,黄承赤而白继黄,所以他据西方而尚白,是应得到帝统的。

公孙述的这些论调,不断地散布到中原,宣传他是真命天子,使刘秀面临极大的挑战,刘秀不得不加以反击。刘秀发给公孙述一封信,指出图谶所说的"公孙",

是汉宣帝;"乙卯金",是汉高帝于乙未年受命;你年纪大了,应为妻子着想,不要再来争夺天下这个神器。公孙述接信后,并不理会刘秀,仍然继续当他的"公孙皇帝"。最后虽然"公孙皇帝"的"西太守"抵挡不住"赤伏符",而被灭掉,不过面对这种挑战,刘秀想必也冒出一身冷汗。

刘秀不仅利用谶纬来证明政权的合法性,自己也身体力行,研究谶纬。《东观汉记》记载,他夜晚读谶而遭受风寒,引起感冒咳嗽,可见其用功之勤。日常勤于读谶,故在决定军国大事或高级官员人选时,也往往以谶纬作为依据。例如《河图赤伏符》中有"王梁主卫作玄武"句,遂将王梁超升为大司空;谶文中有"孙咸征狄"一句,孙咸因而被任命为"平狄将军行大司马";《河图会昌符》中有"赤刘之九,会命岱宗"之语,他就跑到泰山去封禅。建武中元元年(56),刘秀正式"宣布图谶于天下"。虽然也规定私人不得再造谶纬,私造是"大逆不道",要治罪,(汉明帝时楚王英之狱,即与楚王英交通方士造作图谶有关)不过,在当政者推动下,谶纬成为东汉国宪，因此东汉时很多人崇尚谶纬，五经之义，皆以谶决，于是五经为外学，七纬为内学。

当政者用谶纬来巩固王权，反对者亦用谶纬来反对当政者。《史记·秦始皇本纪》所载的"今年祖龙死""亡秦者胡"，及《项羽本纪》中的楚南公之语"楚虽三户，亡秦必楚"，值得我们探讨。这是范增引用楚南公的话来劝项梁起兵反秦的。预言中的"三户"，后人的理解不尽相同。裴骃《史记集解》引臣瓒曰："楚人怨秦，虽三户犹足以亡秦也。"司马贞《史记索隐》曰："三户，楚三大姓，昭、屈、景也。"又云三户"是地名不疑"，指称丹水县北三户亭。张守《史记正义》则引服虔之说法云："三户，漳水津也。"综合这些说法，三户的解释有两种，一种看法是指楚人；另一种则认为是地名。不过，按相关史料分析，似应以楚人解较妥当。（按：《索隐》徐广云："南公乃楚人善言阴阳者。"《正义》引虞喜《志林》云："南公者道士，识兴废之数，知亡秦者必于楚。"）从这些分析可知三户系指楚人，因秦昭王时，楚王熊槐，为秦所欺而客死于秦，楚人"怨莫大焉"。故在抵抗秦的兼并行动中，楚人最勇敢，抵抗也最持久，南公所作之谶是有所依据的。

东汉末年，张角率领的黄巾之乱，也是利用谶纬来作为反对当局的最明显例子。《后汉书·皇甫嵩朱俊列传》记载张角提出的谶语是："苍天已死，黄天当立，岁在甲子，天下大吉。"刘秀以"赤伏符"兴起，是属于火德，依照五行相生的次序，火生土，所以代汉而兴者自然应该是土德，色尚黄了，因之东汉一代反对刘家天下的都是以黄统自居。质帝时九江马勉之乱，马勉着黄衣带，称"黄帝"；桓帝时的陈累则自称"黄帝子"；而张角头着黄巾，自称"黄天"，祭出"汉行已尽，黄家当立"的口号，即明白地以代汉者自居了。

谶纬经由今文学家的引进、发扬光大，至东汉遂成为国宪。不过，并不表示当时所有人都对谶纬表示认同，也有人极力反对。郑兴"少学《公羊》、晚善《左氏传》""尤明《左氏》《周官》"，积极推行古学，进行章句、注释，反对将儒学谶纬化。当光武帝问他郊祀之事，表明将以谶纬来做裁夺时，郑兴以"臣不为谶"回应，结果

"以不能善谶故不能任",一生仕途潦倒。

又尹敏博通经纪,光武帝命他校图谶,删去崔发为王莽所作图时,尹敏以"谶书非圣人所作,其中多近鄙别字,颇类世俗之辞,恐疑后生"为由拒绝。但仍为光武所迫,着手进行校订图谶。尹敏无奈,只好在文中加上一句"君无口,为汉辅",加以嘲弄,结果一生仕途也"以此沉滞"。

当时有识之士有的消极反对,也有的积极抗争。当光武帝颁布图谶于天下后,桓谭一而再,再而三地"冒死复陈";上疏力排谶纬,指责宣扬谶纬者皆为"巧慧小才技艺之人",增益图书,矫称谶记,目的在欺惑人主,必须加以遏抑,引起光武帝的不满。后来光武帝欲建灵台,相以谶纬决定建造,以之询问桓,桓谭仍以"臣不读谶""复言谶之非经"回答,遂被光武帝下令斩首。后虽未被斩,但被贬斥,逐出朝廷,死于路途。

桓谭后试图以科学知识来反对谶纬的是张衡。张衡反对天人感应之说,他认为"月光生于日之所照",月食是地影所遮而产生,与"君道有亏"无关;陨石是"奔星所坠，至地则石也"，不是神物，因此也不是"民困之象"。张衡进一步指出，谶纬是"虚伪之徒"为"欺世罔俗，以昧势位"，或"以要求取资"的手段，主张"宜收藏图谶，一禁绝之"。当然张衡反对纬的结果，和前面的人一样，不为人主所重，高才因而被埋没。

除上述四人外，王充在《论衡》一书中对谶纬加以批判。但是蚍蜉终难以撼大树，纬已是既定国宪，当政者将之作为思想统治的工具，干利禄之徒赖以为干利禄；因此，终东汉一朝，谶纬未曾衰微。

理想与现实的冲突
——新莽兴亡述说

王莽,字巨君,为田齐后裔。其先祖为齐王建之孙田安,曾被项羽封为济北王。汉兴,田安失国,齐人谓之"王家",因以为姓。田安孙王遂居东平陵(今山东章丘),生子贺(字翁孺),为汉武帝绣衣御史,后徙居魏郡元城(今河北大名东)委粟里。贺生子禁,为廷尉史。禁生四女八男:女君侠、政君、君力、君弟;男凤、曼、谭、崇、商、立、根、逢时。王莽为王曼次子。宣帝五凤二年(前56),王政君入宫为太子刘奭之妃。甘露三年(前51),王政君生子刘骜。黄龙元年(前49),宣帝崩。第二年刘奭即帝位,王政君被立为皇后,其父王禁被封为阳平侯。元帝崩,刘骜即位为成帝,尊皇后为太后,以王凤为大司马大将军领尚书事。王氏外戚开始发迹显贵,奠下王莽代汉的基础。

居摄元年（6），王莽立汉宣帝玄孙婴为太子，号曰孺子婴，自称假皇帝摄政。居摄三年（8）十一月，改元为初始元年；十二月，王莽废孺子婴，称皇帝，建立新朝。地皇四年（23）十月，王莽被杀，新朝灭亡。新莽政权一共只有15年，是中国历史上的短命王朝之一。

王莽为何能兵不血刃而和平取得政权？这个政权又为何仅维持了15年？其中原因值得我们探讨。

王莽能掌权及取代刘氏政权，原因非仅一端，于此我们归纳成四点加以说明。

一、太后的庇荫

《汉书·王莽传》赞曰："莽既不仁而有佞邪之材，又乘四父历世之权，遭汉中微，国统三绝，而太后寿考为之宗主，故得肆其奸慝，以成篡盗之祸。"班固对王莽的这段评论，是站在"宣汉祖刘"的立场而发，不尽完全符合史实，但其指出"太后寿考为之宗主"，倒是说出一些实情。太后系指王政君——王莽的姑妈，因王氏一门及王莽，在成帝以后曾几度浮沉政坛，最后仍得专秉政权，和王政君的长寿有密切的关系。关于此点,有两个很好的例证。

一为成帝建始二年(前31),京兆尹王章以王家骄横跋扈,建议罢免王凤职务,并推荐由琅玡太守冯野王取代。王凤被迫上书辞职、乞骸骨。王太后闻讯,以绝食抗议,成帝只好打消撤换王凤的念头,王氏家族度过政治危机,稳定了家族的地位,给王莽逐步高升创造了有利的条件。

其次为哀平之际事。绥和二年(前7),成帝卒,无子,以定陶恭王子刘欣为嗣,为汉哀帝。傅太后及傅、丁两家外戚用事。王太后诏王莽就第,以避哀帝外家,王莽上书乞骸骨而退。汉"哀帝少而闻知王氏骄盛,心不能善,以初立,故优"(《汉书·元后纪》)。故王莽仍侍于朝。其后,因反对尊傅太后为共皇太后、丁后为共皇后及未央宫置酒座席事,触怒傅太后,王莽被罢大司马,遣就国,返回南阳新野县新都乡闲居。元寿二年(前1),哀帝崩,无子,而傅太后、丁太后皆先薨,太皇太后王政君至未央宫收取玺绶,遣使者驰召王莽。诏尚书,诸发兵节,百官奏事,中黄门、期门兵皆属莽,拜为大司马。迎中山王刘衎奉成帝后,为平帝,"太后临朝称制,委政于莽"(《汉书·王莽传》)。如是时傅太后尚健在,王太皇太后能否顺利取得玺绶,委政于王莽,尚未可知。故王政君的长寿给王莽的政治命运创造了相当重要的机遇。

二、特殊身世,折节下士

王莽父亲王曼及其兄王永均早逝,所以王莽早年生活既孤苦又贫困,但王莽在这种环境下,仍努力向学,向陈参学习《礼经》,侍奉其母渠氏及寡嫂,抚养侄儿王光谨守礼节规范,同时和天下英俊名士往来及侍奉伯叔诸父也都谨严规矩,因此薄有令名。迨其入仕,"爵位益尊,节操愈谦"。致其名誉愈隆洽,超越其伯叔。故哀帝建平二年(前5)至元寿元年(前2),遣就国于新都的三年间,吏上书为王莽讼冤者以百数;平帝元始五年(5),吏民为王莽不接受新野田而上书者前后有487572人。凡此均说明王莽性恭谦,折节下士,颇有人望。

王莽的这些行为和当时王氏子弟的骄纵奢淫有所不同,致后人或指其为"以要名誉",或称其为矫行虚伪。但是我们要了解,"书冤讼莽者以百数""上书者前后有四十八万七千五百七十二人"，是班固所留下的确切数字，班固编纂《汉书》的立场，有"宣汉祖刘"的倾向，但难能可贵的是留下这些资料；同时在当时没有现代化的媒体为王莽宣传鼓吹，也没有叩应部队为其声援，却有48万多人对他表示支持，可见王莽声誉在当时已达高峰，故其代汉，对广大的臣民而言，是极其自然之事。

　　王莽的行为为何和其他堂兄弟有所不同？和其特殊的身世有密切的关系。王禁有四女八男，王凤、王崇与王政君为嫡妻李氏所生，其余为庶出。故王莽的父亲王曼从小身份不可能太高，加上早死，未能封侯，所以王莽幼年生活，也无法和同辈相比。因此在王氏家族中，在一群奢侈浪荡的纨绔子弟中，如何出人头地，应是王莽必须认真考虑的问题。要出人头地，除安分守己、谦恭自持外，尚需向学精进，因之王莽向陈参学习《礼经》，向陈钦学习《左传》，成为兼纳经今古文两派学说的学者，其受儒家思想的影响是不言而喻的。致其内事诸父，侍奉寡母、寡嫂，抚养孤侄，体现孝悌教育和"兄弟之父无分"的道德，才能获得士人的支持。

三、天时所致

班固论王莽代汉云："推是言之，亦天时，非人力之致矣。"事实上王莽之得天下，既是天时也是人力。人力如前所述，为人和，是广大臣民的支持。天时为当时之政治社会环境。

前汉自汉元帝以后，在政治上发展为宦官、外戚迭相掌权之局。汉宣帝临终前，深知太子刘奭"柔仁"，因之下诏令乐陵侯史高、太子太傅萧望之、少傅周堪三人共同辅政。史高为卫太子妃史良娣兄史恭之子，见萧、周颇得元帝信任，故对二人十分嫉恨，为争夺权势，遂和宦官弘恭、石显相互勾结，朝廷形成两派相互对立的情形。最后萧望之被下狱而死，支持萧望之的几个重臣贾捐之、周堪和学者京房等也相继遇害，朝政为宦官石显等把持。成帝时政权为外戚王氏所执，哀帝时政权先后为外戚傅、丁及佞臣董贤所把持，但最终还是落入王莽手中，导致王莽专政，终移汉祚。

社会经济上最大的问题，则为土地兼并。土地兼并的问题在汉武帝时已存在，故董仲舒曾提出限民名田的主张，但未能具体落实。汉宣帝以后这种情形更加严重，阴子方"暴至巨富，田有七百余顷"（《后汉书·阴识传》），张禹"家以田为业，及富贵，多买田至四百顷，皆泾渭溉灌，极膏腴上价"（《汉书·张禹传》）。成帝时陈汤曾上书言："关东富人益众，多规良田，役使贫民。"（《汉书·陈汤传》）可见土地兼并的严重。虽然哀帝时孔光、何武再度提出限田主张，仍是一纸空文，所以鲍宣上书，指出百姓"有七亡而无一得""有七死而无一生"，全面概括了自汉元帝以来至前汉末年百姓所遭受的苦难。百姓走投无路时，只有铤而走险沦为盗贼，盗贼此伏彼起，与社会动荡、人民困苦遂互为因果。

四、变法让贤论兴起

面对政治腐败、社会动乱，有一批儒生，根据董仲舒的"天人感应"学说理论，借用自然界出现的一些异常现象，向当政者进谏，以求改善政治。这一类的著名学者有眭孟、夏侯胜、京房、翼奉、刘向、谷永、李寻、田终术等人。儒者的"天人感应"进一步发展,就出现了谶纬学说。谶纬是将自然界的一些异常现象和政治事件联系起来,成为以后发生政治事件的预言。利用谶纬鼓吹"汉运"将终,应改朝换代的主张,在昭、宣时期即出现,唯其时汉王朝尚在兴盛阶段,故提出这种预言者,大都没有好下场。

汉元帝以后,由于统治危机愈来愈深,使人对前途失去信心,于是"汉运"将终的预言愈来愈盛。"汉运"将终,即改朝换代,由贤能者继位。但当政者不愿退让,该怎么办?故成帝时甘可忠提出"再受命"的主张,甘可忠虽因此下狱而死,汉哀帝却在甘可忠弟子夏贺良的鼓吹下,宣布"再受命",改建平二年(前5)为太初元将元年,改号为"陈圣刘太平皇帝",冀望旧国获得新生。但夏贺良得意忘形,"欲妄变政事",企图斥去旧时三公,由支持他的解光、李寻等人辅政,以控制政权,遭到多数朝臣的反对,故此场"再受命"的闹剧持续不到两个月即收场。但不讳言,此种现象已反映出人心思变,希望新人新政的出现,王莽能和平取得政权,和这种思潮不能说没有关系。

王莽代汉取得政权,既有天时又有人和,为何其政权只维持了15年就走向覆亡?其因亦有三端。

(一)理想与现实的冲突

王莽由于兼纳经今古文两派的学说,因此他是一个极端的复古理想主义者。建立新朝后,首先按儒家"名不正则言不顺"的说法,进行改名的工作,改名的对象包括官名、郡县名,甚至改到国外去。

所改的官名有羲和、纳言(原称大司农)、秩宗(太常)、典乐(大鸿胪)、共工(少府)等,都是传说中尧舜时代的官名。郡县名的更动,更为复杂,为配合其正名复古及祥瑞的要求,甚至有一郡在一年内改了五个名称,使人民无所适从,最后只好再改回原来的老名称。改到国外者,较著名的为将匈奴单于改为降服于,高句丽改为下句丽,这一改则改出了外交问题,最后匈奴、西域反抗,兵连祸结,成为其政权覆亡原因之一。

政治制度进行改名,与民生经济有关的制度也要改。其中最著名的是改革货币。货币是社会交易的媒介,以简便为主。王莽在居摄二年（7），据周代有子母相权大小钱，因此下诏进行币制改革，造大钱、契刀及错刀，与五铢钱并用，结果造成币制混乱。但王莽并未因此清醒，在始建国元年（9），就下诏：罢契刀、错刀，改铸小钱及大钱。始建国二年又下令颁行"宝货五品"，使币制更加畸形错乱。天凤元年（14）王莽重申货币改革，取消大小钱，改行货布与货泉。这种反反复复的措施，忽略了货币应重稳定的特性，致通货膨胀，人民不愿使用新币，甚至拒用新币。又采用严刑相逼，造成"每壹易钱，民用破业，而大陷刑"（《汉书·食货志》）。如此作为政权如何能维持长久？

改币制外，其他的经济措施，如王田、五均六筦等，立意虽亦甚佳，但理想归理想，因实行不得法，或与现实情况相抵触，终于还是走上失败之途。

（二）恃才拒谏

桓谭认为王莽有三绝："其智足以饰非夺是，辨（辩）能穷诘说士，威则震惧群下。"因此王莽充满自信，对于群下的进谏，不愿虚己接纳。六筦令下后，犯罪的太多，造成社会不稳定，纳言（大司农）冯常进谏，建议取消六筦，"莽大怒，免常官"，并派使者至各郡国进行监督。这些使者回来如果说真话，均被免职；如果隐匿实情，则被升官。

在对待匈奴的问题上，王莽胁诱匈奴右骨都侯须卜当至长安，强立须卜善于为后安公。在诱迎须卜当时，大司马严尤曾进谏反对，王莽不听。后欲遣严尤与廉丹击匈奴，严尤建议击匈奴可暂且放在后面，应先处理山东盗贼，而遭撤职遣归故里。

王莽恃才拒谏，结果"群臣莫能抗答其论，莫敢干犯匡谏"，加速其失败的脚步。

（三）迷信符瑞图谶

受汉代学者宣传天人感应学说的影响，王莽也相信符瑞图谶之事。在代汉之前制造许多瑞应符验，以证明自己代汉的合法性。在生死关头，王莽仍抱着此种心态，这在两件事上可以看出。

东郡太守翟义立刘信为天子，起兵讨莽，传檄郡国说王莽毒死平帝，意图篡汉时，王莽首先想到的是求上天保佑，他"惶惧不能食，昼夜抱孺子婴告祷郊庙，放《大诰》作策",然后才派兵镇压。翟义失败,王莽认为是天命所佑。故当汉兵围攻皇城之际,王莽还命天文郎在那儿推算吉凶时刻,坐在威斗的柄上说:"天生德于予,汉兵其如予何!"汉兵攻入皇宫,王莽逃至渐台,"犹抱持符命威斗",求上天哀怜、佑助。为政不善,见叛天下,自作孽,上天有何办法相助?

王莽的失败,原因非止一端。这些原因成为后代统治者的借鉴与教训。但王莽的作为并不是一无是处,一切均不可取。仔细思考与观察,王莽还是有一些长处。

在政治上,每遇水旱之灾,则素食,甚至在饥民抢食乱事扩大,不得不派兵平乱之际,犹言:"惟阳九之厄,与害气会,究于去年。枯旱霜蝗,饥馑荐臻,百姓困乏,流离道路,于春尤甚,予甚悼之。今使东岳太师特进褒新侯开东方诸仓,赈贷穷乏。太师公所不过道,分遣大夫谒者并开诸仓,以全元元。太师公因与廉丹大使五威司命位右大司马更始将军平均侯之兖州,填抚所掌,及青、徐故不轨盗贼未尽解散,后复屯聚者,皆清洁之,期于安兆黎矣。"(《汉书·王莽传》)足见其有悲悯百姓之心。

在文化上，起明堂、辟雍、灵台；同时重视知识分子，"为学者筑舍万区""大庇天下寒士俱欢颜"，促进文化教育事业的发展。另外汉儒解经愈来愈加烦琐，一经注文可达百万字，王莽命经师"省《五经》章句皆为二十万"，即每一经的注文要压缩至二十万字，使经书注文删繁就简。通观两汉时期也只有王莽才做到。

在社会上，禁止买卖奴婢，提倡人权；颁六筦令，目的在抑制富人，增加财政收入，保护贫民生活；行王田政策，实为均田制，强调耕者有其田。这些政策虽然因为王莽专断，没有详细考虑实施方案中的许多具体细则，致最后引发许多弊端，但现在看来还是有其合理性的。

钱宾四先生说："王莽失败后，变法让贤的政治理论，从此消失，渐变为帝王万世一统的思想。政治只求保王室之安，亦绝少注意到一般的平民生活。这不是王莽个人的失败，是中国史演进过程的一个大失败。"其中"亦绝少注意到一般的平民生活"句，在今天我们对一个短命王朝的历史重新加以回顾时，或许可以为我们提供参考思考。

简帛拾穗

缿
——扑满的本尊

1975年12月在湖北省云梦县睡虎地出土的秦简,对研究秦朝政治、经济、文化提供了前所未有的丰富材料,故数据甫公布即引起学者的注意,并进行了研究。

在《睡虎地秦简·秦律十八种》的《关市律》中有这么一句话:"受钱必辄入其钱缿中。"

缿,音向。睡虎地秦墓竹简整理小组根据《说文解字》:"缿,受钱器也。……古以瓦,今以竹。"及《汉书·赵广汉传》颜师古注:"缿,若今盛钱臧(藏)瓶,为小孔,可入而不可出。"二则记载,认为:"缿,陶制容钱器,类似后来的扑满。"事实上这一推论尚有所本,清人朱骏声在《说文通训定声》中即对《说文解字》的说法加以引申,他说:

瓦者如今之扑满。苏俗谓之积受罐；竹者如市中钱筒，皆为小孔，钱入而不可出。

根据上述说法，缿应是扑满的本尊无疑。整理小组为何说"类似后来的扑满"？可能与缿在汉代也作为收信的器具有关。《史记》卷一二二《酷吏列传》载，王温舒为"吏苛察，盗贼恶少年投缿购告言奸，置伯格（按：伯指阡陌，格指村落。）长以牧司奸盗贼"。《汉书》卷七十六《赵广汉传》云："又教吏为缿筒，及得投书，削其主名，而托以为豪桀大姓子弟所言。"颜师古注曰："缿，若今盛钱臧（藏）瓶，为小孔，可入而不可出。或缿或筒，皆得此制，而受用书，令投于其中也。"可知作为收信器具的缿、筒，类似今日之信箱或某些单位设之意见箱。缿最早的用途，是用来储存钱，还是作为收信器具，目前无法考知。

至于缿用于储钱始于何时？史无明文记载。但应和货币的流通有密切的关系。中国在殷商时期已有贝货币的使用，但货币普遍作为交易媒介，大约在春秋末期战国初年，故缿的发明，应该在此时。

考古发现的钱缿，个人所知有限，仅知有三件。一为洛阳烧沟84号西汉墓出土，陶制，仅顶部有装钱之孔，器中尚贮五铢钱二十枚。另两件于江陵马眼桥遗址出土，该遗址是一处东汉晚期民间制陶作坊。这两件缿，考古简报称之为储币器。第一件，灰陶，手制，盖与器口平沿扣合，盖呈球面形，顶部一圆孔，四周环绕四个小圆孔，顶偏下部一侧镶有一扁形投币孔，器身为钵状，平底。通高6.4厘米，直径8.8厘米。另一件，灰陶，轮制，圆弧，鼓腹，平底。顶部戳五个圆孔和饰十道弦纹，下部设一个扁形投币孔。腹下部戳六个称小圆孔，腹上部饰一道弦纹。通高10.6厘米，腹径18.4厘米，底径13.2厘米。这三件缿都是两汉之物，且为陶制，故前引许慎《说文解字》所说"缿，受钱器也。……古以瓦，今以竹"的说法亦有可议之处。

缿是扑满的古名，那么缿于何时改称"扑满"？目前所知"扑满"一词最早的记载见诸《西京杂记》。《西京杂记》记载，公孙弘于汉武帝元光五年（前130）被举为贤良，家贫。国人邹长倩除提供衣裳冠履外，又赠予生文一束、素丝一、扑满一枚，并修书告诫公孙弘云："扑满者以土为器，以蓄钱具。其有入窍而无出窍，满则扑之。土，窊物也；钱，重货也，入而不出，积而不散，故扑之。士有聚敛而不能散者，将有扑满之败，可不诫欤？故赠君扑满一枚。"

《西京杂记》作者，历来有各种不同的说法，不过以集中在刘向及葛洪二人身上者居多，较持平的说法是刘歆撰，葛洪集，故据此将"扑满"一词的出现定在汉晋之际。

"扑满"一词，在目前可考者，虽以《西京杂记》所载为最早，不过在文中除指出扑满为储钱器具外，更值得注意的是其借物寓意，劝诫人不可自满，隐含有"满则溢""满招损，谦受益"之意。所以唐代齐己的《扑满子》诗加以引申曰："只爱满我腹，争如满害身。到头须扑破，却散与他人。"（见《白莲集》）宋代陆游在《剑南诗稿》七六《自贻》中也云："钱能祸扑满，酒不负鸱夷。"凡此皆反映出中国古人借物讽劝的思想。

扑满这玩意儿，自春秋战国之际出现至今，有近

3000年之久，在各种文学作品中，除前述作为借以讽劝之物外，也不断为文人骚客所援引。例如五代前蜀贯休《桐江闲居》诗之十二有"囊非扑满器，门更绝人过"之句；清蒲松龄《聊斋志异·辛十四娘》中有"又时出金帛作生计。日有赢余，辄投扑满"的说法；老舍《骆驼祥子》中"轻轻地摇了那个扑满，想象着再加进三十多块去应当响得多么沉重好听"的描写是一种虚幻的自我满足。

随着时代的演进，今日扑满的材质，也不限于陶、竹，现在有铁制、塑料制等成品，而且造型也多样化，功能亦日新。1988年4月21日《联合报·万象版》刊登一则消息，报道一种可以显示储蓄额的扑满，将在日本上市。时隔多年，不知这种扑满上市后的销路如何，市面尚能买到否？

扑满曾陪伴我们走过童年，也曾留下不少儿时的记忆。然而扑满并不仅是童玩而已，因为扑满可以培养一个人的恒心与毅力，养成储蓄节俭的美德。无论您是老是少，建议不妨买个扑满摆在案头，不仅怡情又可获得储蓄的快乐。

简帛研究与简帛学

简帛研究历史已逾百年，就资料及论著质量而言，已足以成为一门专门学科。但仍有些学者认为尚不足成为"学"。本文撰写目的，在阐扬简帛研究已具有成为一门专门学科的条件。

本文为笔者拟撰《简帛学概论》一书中部分重要章节的摘要。主要从简帛版本学、简帛命名、简帛目录学、简帛保护及简帛辨伪等项进行讨论。虽非全豹，但由这些项目所涉及学科与知识的广泛程度来看，简帛研究已足以成为一门专门学科。

一、前言

简牍和缣帛是纸未成为书写素材前最主要的书写用具，使用的时间大约在春秋至晋代，其后遂逐渐被纸取代。在近代简牍出土前，仅见诸文献记载，并无实物留存。今人目睹简牍实物,为19世纪末迄今陆续出土者,故近代简牍出土已逾百年。[1]总数量在20万枚以上。[2]

缣帛作为书写素材的时代约略和简牍相当,但因价格昂贵或保存不易,故出土的数量不如简牍。帛书的出土最早为20世纪30年代在湖南省长沙市子弹库出土的楚帛书。[3]最著名的为1973年于湖南省长沙市马王堆3号墓出土的前汉早期帛书44件。[4]其余的为一些帛画或

---

[1] 初师宾:《简牍学百年的思考》,《简牍学研究》2002年第3期,第234—238页。云:"1901年2月至3月间,英国的斯坦因(Stein)和瑞典的斯文赫定(Sven Hedin)在新疆进行所谓'探险''考古',分别于尼雅、楼兰古遗址掘获魏晋时期木简,揭开简牍考古的序幕。"

[2] 胡平生:《长沙走马楼简牍概述》,《中国上古秦汉学会通讯》1996年第3期,第22页。云:"说走马楼简数量可能超过国内历年出土简牍的总和,含义是有十万片左右。"另据胡氏文后所附"本世纪以来出土简牍一览表"的说明,指出"上表中历年出土全部简牍总和约为79200片,加上已出土但未公布的简牍,总数在九万片左右",事实上尚有胡氏表中未列入的出土简牍,故20世纪出土简牍数量约20万枚。

[3] 楚帛书出土时间有各种说法,此从李零说法。见《长沙子弹库战国楚帛书研究》,北京:中华书局,1985年,第9页。

[4] 马王堆汉墓出土帛书的种类说法有分歧,有26件、28件、30余件等,系因帛书出土时尚未进行全面整理,造成估计不确。最新的统计较详细,认为有6大类44种,见张显成:《述评文章要注重内容的科学性》,《中国史研究动态》2002年第6期(总第282期),第25—28页。

帛书残件。[1]

由于简牍和缣帛作为书写素材的时代约略相当，出土的简帛文献的时代相近，在马王堆帛书出土后，有学者主张将简牍研究与之结合，称之为简帛研究，[2]或简帛学。

伴随简牍的出土，简帛研究历史已逾百年，如以帛书出土论也有80余年，经历这么长时期的研究探索，简帛学是否足以称为"学"？在学术界存在两极化看法，有的学者主张应将简帛研究正名为"简帛学"，有的学者认为简帛研究尚未形成理论，不足称之为"学"。认为简帛研究不足以称之为"学"者，多数未从事简帛研究，甚或存有鄙视新材料、新文献心态者，故否定百余年来

---

[1] 陈文豪：《二十世纪出土秦汉简帛概述》，《简牍学研究》2002年4月，第3辑，第58—77页。
[2] 最早称"简牍研究"为"简牍学"的为《简牍学报》，于1974年6月出版第1期；其后有《国际简牍学会会刊》，于1993年出版第1号；《简牍学研究》，于1997年出版第1辑；《中华简牍学会通报》，于2002年6月出版第1号。相关组织有"简牍学会"，成立于1974年；"国际简牍学会"，成立于1991年8月；"中华简牍学会"成立于2000年。以简帛为名者，为《简帛研究》，于1993年出版第1辑。

简帛学研究的成果。笔者认为简帛研究所涉及的范围、学科很广，已经足够发展成为一门专门的学问。本文即就此问题，谈谈个人的看法。

二、简帛学的内涵

简帛学系指从事简帛研究时涉及的方法及相关学科，范围很广，因篇幅所限，于此仅就简帛版本学、简帛命名、简帛目录学、简帛保护及简帛辨伪等项进行探讨。

（一）简帛版本学

版本学为中国传统学问之一。简帛学的研究和版本学亦有紧密的关系，简帛出土后，除进行整理、保护外，首要工作为内容的释读。简帛释文受释读者的个人条件及印刷出版过程等客观因素的影响，因此，每一部简帛文献的整理及释文并不能令人十分满意，所以简帛文献就会有不同版本出现。以1930年出土的居延汉简而言，至

2001年最少有14种版本。[1]居延汉简主要的版本内容，在《居延汉简之版本与编号》一文中已有介绍，于此不拟详谈。现另以睡虎地秦简《日书》及银雀山汉简《孙子兵法》《孙膑兵法》为例说明之。

1975年12月，考古工作人员在湖北省云梦县睡虎地发掘12座战国末期至秦代的墓葬，其中11号墓出土1155枚秦代竹简及残片88枚。睡虎地秦简出土后，由于特殊政治环境的需要，释文整理的工作很快展开，于《文物》1976年第6期开始刊布释文，以后各种释文版本纷现，至少有十种，由于比对范围广，于此难以尽言，故就其《日书》部分进行讨论。

---

[1] 马先醒师在《居延汉简之版本与编号》(《劳贞一先生七秩荣庆论文集》,《简牍学报》1975年第5期，第135—212页。)一文中指出，在研习居延汉简时所见版本有，劳榦、余逊：《晒蓝本汉简释文》；劳榦：《居延汉简考释·释文之部》；劳榦：《居延汉简考释》；劳榦：《居延汉简·图版之部》；中科院考古所：《居延汉简甲编》；劳榦：《居延汉简·考释之部》；赤井清美：《居延汉简》等七种。知而未见者有，劳榦：《居延汉简·考证之部》；马衡：《居延汉简稿本》；贺昌群：《居延汉简释文稿本》；中科院考古所：《居延汉简乙编》《居延汉简甲、乙编释文》，合计有12种版本。除此之外，尚有谢桂华、李均明、朱国照合校：《居延汉简释文合校》；中国简牍集成编辑委员会：《中国简牍集成》之居延汉简本。

睡虎地秦简的内容有《编年记》《语书》《秦律十八种》《效律》《秦律杂抄》《法律答问》《封诊式》《为吏之道》《日书（甲种）》《日书（乙种）》。《日书》为数术类文献，被视为"封建迷信产物"，故最初的睡虎地秦简释文，并未将之刊布，至1981年文物出版社出版的发掘报告《云梦睡虎地秦墓》（以下简称发掘报告）一书，始将释文公布，其后《中华五千年文物集刊·简牍篇三》，[1] 据之进行标点及批注；1990年文物出版社出版精装本《睡虎地秦墓竹简》（以下简称精装本），完整刊布睡虎地秦简释文，《日书》亦收入其中，故《日书》至少有三种版本。这三种版本中，《中华五千年文物集刊·简牍篇三》因环境的隔阂，或知而未见，所以谈及《日书》版本时，一般大陆研究者引用较少或是加以忽视，[2] 故这一版本于此不

---

[1] 吴昌廉：《中华五千年文物集刊·简牍篇三》，台北：中华五千年文物集刊编辑委员会，1984年。本册内容除《日书》甲、乙种外，还有《封诊式》及《为吏之道》。

[2] 吴小强：《秦简日书集释》，长沙：岳麓书社，2000年，第15页。云："台湾于90年代初出版《中华五千年文物集刊·简牍篇三》刊载了《日书》释文，是完全照录《云梦睡虎地秦墓》的《日书》释文，对个别简文加以修订。"忽视了编者在注释及标点上亦有其贡献。

列入讨论。那么其他两种版本之间的差异为何？

刘乐贤研究后指出，从整体而言，释文、注释、照片三者齐备的精装本显然要优于发掘报告。但是，这并不意味精装本可以完全取代发掘报告。对发掘报告和精装本的释文进行核对后，发现精装本虽然改正了发掘报告释文中的一些错误，但它又出现了不少排印错误，影响了释文的准确性。为进一步深入比较发掘报告和精装本《日书》的优劣，刘氏举出一些例证，今据其所举改列于后：

1. 精装本订正发掘报告释文明显错误者：

（1）《日书》甲种四五背叁："人过于丘虚，女鼠抱子逐人，张伞以乡（向）之"的"伞"字，发掘报告误释为"册"，精装本加以改正。

（2）《日书》甲种一五七背："今日良日……"发掘报告误释为"今日良，白……"精装本已改正。

（3）《日书》乙种一九一贰"辰不可以哭、穿肂，且有二丧，不可以卜筮为屋"的"辰"字，发掘报告误释为"庚"，精装本已改。

2. 精装本释出发掘报告未释之字：

（1）《日书》甲种一五八背"律律弗御自行"的"御"字。

（2）《日书》乙种一五八"高王遣适（谪）"的"适"字。

"御"与"适"均为发掘报告未释出，而在精装本新释出者。

3. 发掘报告释文正确而精装本错写者：

（1）《日书》甲种一三二正"毋以癸、甲西南行，月之门也"，"月"字在发掘报告释文不误，而在精装本却被误写为"日"。

（2）《日书》甲种四四正"㺅（系）久不已"，"已"字在发掘报告释文不误，而在精装本却被误写为"巳"。

（3）《日书》乙种四〇二"祀五祀日，丙丁竈，戊己内中土，乙户，壬癸，庚辛□"，"戊己"在发掘报告释文不误，而在精装本却被误写为"戊巳"。

（4）《日书》乙种八一二"金胜木"，发掘报告释文不误，而在精装本中却被误写为"金胜水"。

4. 精装本中的漏增衍字：

（1）《日书》甲种九一贰背"直此字月者不出"一则，在精装本释文中未见。

（2）《日书》甲种一三四正号简中，精装本漏"九月辰"三日。

（3）《日书》乙种六八号简，在精装本中多出"丁壬辰"三字。[1]

汉简本《孙子兵法》及《孙膑兵法》，系1972年4月间在山东临沂银雀山一号汉墓出土。

《孙子兵法》释文首先于《文物》1974年第12期刊布，其后分别见诸1975年文物出版社出版的《银雀山汉墓竹简》线装大字本、1976年的简注本、1985年文物出版社出版的《银雀山汉墓竹简》精装本中。线装本的释文有《程兵》篇残简一枚，在简注本及精装本中均被删除。

《孙膑兵法》的释文首见于《文物》1975年第1

---

[1] 以上参见刘乐贤:《睡虎地秦简日书研究》，台北：文津出版社，1993年，第7—9页。

期，1975年2月由文物出版社单独发行简注本，又收入1975年文物出版社出版的《银雀山汉墓竹简》线装大字本及1985年文物出版社出版的《银雀山汉墓竹简》精装本中。线装大字本分上下两编，上编包括：《擒庞涓》《见威王》《威王问》《陈忌问垒》《篡卒》《月战》《八阵》《地葆》《势备》《兵情》《行篡》《杀士》《延气》《官一》《强兵》；下编包括：《十阵》《十问》《略甲》《客主人分》《善者》《五名五恭》《兵失》《将义》《将德》《将败》《将失》《雄牝城》《五度九夺》《积疏》《奇正》。1985年出版的精本，只保留上编，并补入《五教法》一篇，将下编全部剔除。所以在从事汉简本《孙子兵法》及《孙膑兵法》的出版工作中，势必将所有的版本都进行阅读比较。

由前述可知简帛版本，在简帛研究上占有重要地位，因对据以研究的简帛文献，如未能掌握相关版本，在研究上可能不够周延,甚至出现事倍功半或误解之处。[1]

(二) 简帛命名

简帛命名问题,一是指在某地出土简帛的命名,一是指出土简帛佚籍的命名。简帛佚籍的命名,如能发现篇题,即依篇题,如无篇题,一般即以首简第一句命名,或据文义命名,现已无多大争议。在此要讨论的为前者,目前似仍无一共同遵循的规律。

1930 年中瑞西北科学考察团贝格曼等在汉代居延地区(今额尔济纳河流域一带)出土的简牍,学术界通称之为"居延汉简"。1972—1976 年间甘肃考古工作人员,组成居延考古队,再度至居延地区进行调查,1973 年至

---

[1]《日书》研读班:《日书:秦国社会的一面镜子》(原载《文博》1986 年第 5 期,第 8—17 页;收入《秦文化论丛》第 1 集,1993 年,第 256—274 页),引"故丘鬼恒畏人,畏人所为……"认为人固然怕鬼,但鬼也怕人。按:此文发表于 1986 年,所用《日书》为发掘报告本,同时又断章取义,故误解了简文"畏"字本意,精装本此句在句读上与发掘报告本不同,全句为:"故丘鬼恒畏人,畏人所,为刍矢以鸢(弋)之,则不畏人矣。"并注云:"畏人,恐吓人。"其意为,鬼时常恐吓人,并到人住所去恐吓人,如果用刍草做的箭去射它,就不会再恐吓人了。引用不同版本,对简文产生不同理解,会得出不同结论,在此例中明白显示出。

1974年夏秋对破城子等三处遗址从事试掘,发现两万多枚简牍,起初名称纷纭,后为和1930年出土者区别,而称之为"居延新简"。

事实上"居延汉简"及"居延新简"之名,均有可商之处。马先醒师即指出,"居延汉简"之命名,存在空间、时间及文物性质三方面的差异,就空间而言,1930年出土简牍地点,分属汉张掖郡肩水都尉、居延都尉所辖;就时间而言,所出简牍不限于汉简,尚有部分新莽简;以文物性质而言,竹简之外,多木牍,单简之外,更"两行"。综之,"居延汉简"四字,可谓"一无是处"。"居延新简"虽然是相对于1930年出土的居延汉简而言,但"汉""新"能否对得起来?问题很大!即使对得起来,必经阐释方显真义的名称,恐非嘉名;纵系嘉名,也只为居延考古队解决了一半问题。故主张名贝格曼所获汉简为"张掖汉新简牍(Ⅰ)",名居延考古队所获者为"张掖汉新简牍(Ⅱ)",今后额济纳河域续有所获时,则依次命名为"张掖汉新简牍（Ⅲ）"。[1]

"居延汉简""居延新简"命名，容有可商之处，似已约定俗成，在理解与认识上，并不会造成混淆。但其他出土简牍的命名，目前仍未能一致化与规范化。以1975年12月在湖北省云梦县睡虎地出土的"睡虎地秦简"而言，就有许多不同称法。

"睡虎地秦简"的整理小组称"云梦秦墓竹简整理小组"，首度公布释文，将释文称之为"云梦秦简释文"。因此，之后的称法，有"秦简""云梦秦简""睡虎地秦墓竹简""云梦竹简""云梦睡虎地秦简"等称呼。按：秦简的出土，除睡虎地秦简外，目前所知尚有：青川木牍、放马滩秦简、岳山秦牍、龙岗秦简、杨家山秦简、王家台秦简、周家台秦简、里耶秦简，以"秦简"称睡虎地秦简，显有不妥。称"云梦秦简"，因1998年底在云梦龙岗六

---

[1] 马先醒师：《"居延汉简"命名之合理化与精确化》，《简牍学报》1991年第14期，第5—12页。

号墓也出土秦代竹简 150 余枚,[1]故亦不恰当。睡虎地秦简的称呼,马先醒师主张:"'睡虎地'区域小于云梦,较精确,用以示该批简牍之出土地;'秦'以示其时代;'简'以示其质材形制,如此已足。"[2]

吴福助教授亦认为:"随着考古事业的蓬勃发展,将来同一县内的不同地区,随时都有可能出土同时代或同一性质的简牍。为避免混淆,尽量以确实出土地命名明显较过去普遍以县为命名的方式理想。……采'睡虎地秦简'较适宜。"[3]可惜这些呼吁,似未获广泛回响,在简帛命名及称呼上,仍未统一。以 2002 年 6 月出土的里耶秦简而言,有"龙山里耶秦简""湘西里耶秦简""酉水流域出土秦简"等称呼。但为避免命名与称呼上的分歧,应有统一的规范,窃以为以出土地的最小地名来命名或许是较为理想。

---

[1] 刘信芳、梁柱:《云梦龙岗秦简综述》,《江汉考古》1990 年第 3 期(总第 36 期),第 78—83 页。
[2] 马先醒师:《就简牍学观点略论睡虎地秦简(上)》,《简牍学报》1979 年第 10 期,第 6—18 页。
[3] 吴福助:《新版〈睡虎地秦简〉拟议》,原载《东海中文学报》1985 年第 8 期,第 67—85 页;后收入《睡虎地秦简论考》,台北:文津出版社,1993 年,第 311—350 页。

(三) 简帛目录学

目录学也是中国传统学问之一，向来为学者所重视，故清代学者金榜云："为学不可不通目录学。"盖熟悉目录学，可避免走冤枉路，收事半功倍之效。故各学科均有不少学者投注心力编辑各种论著目录。与简帛同属新史料的敦煌学早已有完整的论著目录出版，[1]而简帛论著目录大部分发表在期刊或论文集上。例如：曹延尊、徐元邦《简牍数据论著目录》[2]《云梦秦简数据、论著目录》[3]；吴福助《睡虎地秦简文献类目》[4]；李丽梅《马王堆汉墓研究论著简目（1972—1992）》[5]；陈松长《马王堆帛书研究论著

---

[1] 郑阿财、朱凤玉主编：《敦煌学研究论著目录（1908—1997）》，台北：汉学研究中心，1999年。
[2] 曹延尊、徐元邦：《简牍数据论著目录》，载于《考古学集刊》1982年第2期，第203—230页。
[3] 曹延尊、徐元邦：《云梦秦简数据、论著目录》，载于《云梦秦简研究》，第358—363页。
[4] 吴福助：《睡虎地秦简文献类目》，载于《中华文化学报》创刊号，1993年，第225—292页。
[5] 李丽梅：《马王堆汉墓研究论著简目（1972—1992）》，载于《马王堆汉墓研究文集》，长沙：湖南出版社，1994年，第335—369页。

目录》[1];许学仁《尹湾汉简研究文献要目》[2]《长沙子弹库战国楚帛书研究文献要目》[3]等。见于各种专著附录的有:林剑鸣《基本数据目录》[4];郑有国《中国出土简牍论著目录》[5];高敏《简牍研究文献目录》[6];刘信芳《楚帛书序录》[7];门田明《中国简牍研究文献目录》[8]等。此外一些相关的目录索引,也有简帛研究目录专栏,例如:马先醒师《汉史文献类目》[9];张传玺等编《战国秦汉史论文

---

[1] 陈松长:《马王堆帛书研究论著目录》,载于《湖南省博物馆文集》1998年第4辑,第279—301页。
[2] 许学仁:《尹湾汉简研究文献要目》,载于《经学研究论丛》2000年第8辑,第351—357页。
[3] 许学仁:《长沙子弹库战国楚帛书研究文献要目》,载于《经学研究论丛》2000年第8辑,第359—368页。
[4] 林剑鸣:《基本数据目录》,载于《简牍概述》,西安:陕西人民出版社,1984年,第156—181页。
[5] 郑有国:《中国出土简牍论著目录》,载于《中国简牍学概论》,上海:华东师范大学出版社,1989年,第218—258页。
[6] 高敏:《简牍研究文献目录》,载于《简牍研究入门》,南宁:广西人民出版社,1989年,附录第1—51页。
[7] 刘信芳:《楚帛书序录》,载于《子弹库楚墓出土文献研究》,台北:艺文印书馆,2002年,第185—258页。
[8] 门田明:《中国简牍研究文献目录》,载于大庭修:《漢簡の基礎的研究》,京都:思文阁出版社,1999年,第125—212页。
[9] 马先醒师:《汉史文献类目》,台北:简牍社,1976年。

索引（1900—1980）》[1]《战国秦汉史论著索引续编：论文（1981—1990）专著（1900—1990）》[2]；田静《秦史研究论著目录》[3]等。

观察这些已刊布的各种简帛学相关目录，我们可以发现几个特点：

1. 在目录刊布后甚少续补，即使续补也未能一直持续不辍。[4]

2. 以单一简帛研究论著目录为主，并非简帛学综合性目录；林剑鸣、郑有国及高敏所编目录，是简牍学综合目录，但未包含帛书，且数据已太旧。

3. 由系以单一简帛研究论著目录为主，在分类上无法达到完备的要求，势必有所遗漏。

---

[1] 张传玺等编：《战国秦汉史论文索引（1900—1980）》，北京：北京大学出版社，1983年。
[2] 张传玺等编：《战国秦汉史论著索引续编：论文（1981—1990）专著（1900—1990）》，北京：北京大学出版社，1992年。
[3] 田静：《秦史研究论著目录》，西安：陕西人民教育出版社，1999年。
[4] 吴福助教授的《睡虎地秦简文献类目》，系在《"有关云梦秦简的数据和著述目录"续补》（《中国文化月刊》，1999年第124期，第108—120页）的基础上编成，但此后即未再增补。

4.对国外简帛研究论著或有收录,但并非全豹,无法全面体现国外同行研究成果。

5.这些目录都不是单行本,在查考上很不方便。

为总结百年来简帛学研究的成果,应该有一本详尽的"简帛文献目录"。这本目录收录的研究论著,除应将各种简帛研究相关论著目录收入外,还应收录简帛学研究的理论性论著。窃以为一部较理想的"简帛文献目录"应至少有两大部分七大类:甲通论:为理论及研究史篇,收录有关简帛学理论、研究史等论著。乙专论:(1)战国简篇:收集长沙五里牌楚简、仰天湖楚简、杨家湾楚简、信阳楚简、曾侯乙墓简、望山楚简、江陵九店楚简、包山楚简、郭店楚简、上海博物馆藏楚简等研究成果;(2)秦简篇:收集睡虎地秦简、青川木牍、放马滩秦简、岳山秦牍、龙岗秦简、杨家山秦简、王家台秦简、周家台秦简、里耶秦简等研究论著目录;(3)汉简篇:收集居延汉简、敦煌汉简、武威汉简、悬泉汉简、银雀山汉简、定州汉简、张家山汉简、阜阳汉简、尹湾汉简等研究论著目录;(4)魏晋简及其他篇:收集走马楼简、楼兰简牍及吐蕃、西夏等非汉文简牍研究论著;(5)帛书篇:收集楚帛书及帛画、马王堆帛书及帛画,其他出土帛书、帛画研究论著目录;(6)外文篇:为收他山攻石之错,外国学者研究简帛论著和中文论著分开编辑,全部收录在此部分,然后再依日文、韩文、英文及其他文字分别按类编辑,目录后则附上索引,方便读者查阅。

(四) 简帛保护

简帛保护问题,在简帛学研究中只见单篇论文发表,[1]尚未在简帛学的专著中论及,事实上简帛保护在简帛研究上也是一个重要课题。目前看到有关简帛保护的论文以谈简牍保护者居多,至于帛书如何保护则尚未见及。

简帛因长期埋藏于地下,质材腐朽,出土后因环境的变化,容易断裂破碎,故简帛的保护不是转入室内才进行,应是从发掘就已开始。初师宾先生在《简牍研

---

[1] 纯就简帛保护技术的探讨,主要的论文有:赵桂芳,《中国简、牍保护论》,《关西大学东西文化研究学术纪要》1994年第27辑,第69—77页。

究与考古学方法之运用》一文谈及，野外发掘获取简牍是第一步，简牍清理出土，必须明确地点、方位（或单元）、层次、原状、共存关系等，缺少这些记录在简牍的连缀、断代和复原上将造成困难。简牍考古的第二步骤，转入室内整理，包括：清理、建档、编缀、释校。清理包括将野外临时注明地点、层位、号码的简包拆开检查；然后，按地点、方位（单元）、层次，依次编号，将每枚简牍的详情逐项造册，建立档案草稿；简牍编号、建档后，应着力缀合，特别是编册排次，尽量使散乱断失者归位，恢复其原貌；室内简牍整理的最后步骤，是反复校释。简牍经发掘、整理，进入最后的研究（专题或综合的）、结论阶段，写出报告，结束简牍考古程序，提供大家研究。

初先生的论文对简牍的整理及保护，特别是在编联、缀合上提出了宝贵具体的意见，值得参考。但由于工作的局限，所谈是以其参与边塞烽燧挖掘出土简牍的经验而谈。对墓葬出土简牍的保护并未置一词，墓葬出土简牍的保护同样在发掘时即已展开，如果不在此时即进行保护，往往会造成难以预料的损失，[1]其次为简牍的脱水和库房内的保护。赵桂芳认为墓葬出土简牍的保护，可分为三个阶段：

1. 出土简、牍的现场保护：在简、牍位置分组、编号、绘图、照相后，首先要保持简、牍的湿度，避免墨汁字迹脱落，再进行清洗，最后放进库房等待脱水。

2. 出土饱水竹、木简牍的脱水保护：使用的方法有醇——醚连浸法、冷冻真空干燥法、聚乙二醇（简称

---

[1] 刘洪石：《重现西汉档案文书的风采——江苏东海尹湾汉墓发掘记》，载《考古人手记》第二辑，北京：三联书店，2002年，第185—186页。云："从棺液中取出已浸泡两千多年的木牍和竹简，简牍表面上似乎还浮动着一层闪亮的油光，但墨迹还很清晰。如果当时我们请来有经验的文物摄影师拍照，后期的释读就不会那么困难。但当时工作时间紧，屋外的群众秩序混乱，我们只是取一片，登记造册一片，忙得不可开交，没能一件一件地照相，铸成了终生的遗憾。文物清理结束后，我们召开了现场办公会，向东海县政府、文化局和镇党委的领导汇报了这次发掘的成果。镇里的一位领导伸手就从桶里取出一片木牍观看。就是他这一拿，给我们以后的释读留下了永远也解不开的疑难。他取看的那片木牍正是24方木牍中最重要的吏员簿，而他的大拇指正按在右上部，轻轻一带，就把这片木牍最重要、最关键的记有这片集簿名称的字给抹掉了。今天给这片集簿命名时，有说是吏员总簿，有说是定簿，众说不一，疑义相析。后来把它带到上海，用远红外模糊图像处理时，再也没有显现出它的庐山真面目。这是一个难以弥补的遗憾。"

P.E.G）渗透加固法、自然干燥法。其中最重要的要防止简牍木材结构在干燥过程中开裂、变形。简、牍脱水后干燥的方式有两种，一是竹简从乙醚里取出后在大气自然干燥，另一种是将取出的竹简接放入真空系统，使乙醚迅速挥发。脱水干燥后再进行简牍修复。

3. 竹、木简牍保存的最佳环境：脱水后的竹、木简牍在库房中的保护，首重湿度及温度的控制，温度应在15℃—20℃，相对湿度不能低于45%；其次在光射的影响方面，要避免紫外线对简牍的危害；最后要防止霉菌、虫类对简牍的危害。

简牍的保护，特别是墓葬简牍的保护和简牍库房内的保护，涉及化学等自然科学，一般人文学者较少谈及，但在未来简帛学的研究上是一个不容忽视的重大问题，因此在论及简帛学时不能不进行讨论。

（五）简帛辨伪

简帛文献除在学术研究上提供宝贵的资料外，因时代久远，亦具有文物的价值，故利之所趋，造假的情形就无法避免。在简帛学的研究上，对此问题的关注较少。胡平生先生曾为文指出香港中文大学藏王杖简系伪造，并进行考辨。[1]胡先生在其正撰写的有关"中国简牍学"专著中亦列有辨伪专章，惜此书尚未出版，未能一窥胡先生的具体主张与看法。

就个人的观察，简帛辨伪的基础工作最少有下列三项：

1. 简帛的质材与年代断定：这部分的工作靠肉眼固可推断一二，然容易走眼，因此最好借助科学仪器，进行科学的鉴定。[2]

2. 简帛文字书法风格：一时代有一时代的文字与书法，因此判断简帛的真伪，从文字书法上着手，是一条重要的途径。

3. 简帛文体与词汇：文体和词汇是时代的产物，不

---

[1] 胡平生：《香港中文大学藏王杖简辨伪》，《中国文物报》1998年2月25日第3版。
[2] 上海博物馆于香港古玩市场购得战国楚竹简一批，购买时虽经由摹本的文字、内容等方面判断其不假，但购回后仍请中国科学院上海核原子研究所对竹简进行年代测定。见陈君燮：《上海博物馆藏战国楚竹书（一）》，上海：上海古籍出版社，2001年，第1—4页。

同时代有不同的文体与词汇，可以借助作为判断简帛真伪的工具。

三、结论

著名的史学家陈寅恪先生曾说："一时代之学术，必有其新材料与新问题。取用此材料，以研求问题，则为此时代学术之新潮流。治学之士得预于此潮流者，谓之预流（借用佛教初果之名）。其未预者，谓之未入流。此古今学术史之通义，非彼闭门造车之徒所能同喻者也。敦煌学者，今日世界学术之新潮流。"[1]这段话虽然旨在阐述敦煌学利用新材料解决问题的重要性，但同时也指出研究学问必须充分掌握新史料。

百年来的简帛研究，正是充分掌握新史料，从事学术研究的具体表现。为使研究深入，也有几本理论性的入

---

[1] 陈寅恪：《敦煌劫余录序》，收入《陈寅恪先生论文集》，台北：九思出版社，1975年，第1377页。

门著作,[1]这些书籍虽各有擅长,然亦有不足。笔者长期关注简帛学史研究,深感集学界研究之大成,编辑一本完善的理论性著作,刻不容缓,故不思揣陋,极力朝此目标而为,本文为该作导论之部分摘要。所述未知当否,尚祈方家赐正。

---

[1] 这些著作除前述外,知见者尚有:
马先醒师:《简牍学要义》,台北:简牍学会,1980年。
薛英群:《居延汉简通论》,兰州:甘肃教育出版社,1991年。
王震亚:《竹木春秋——甘肃秦汉简牍》,兰州:甘肃教育出版社,1999年。
陈松长:《帛书史话》,北京:中国大百科出版社,2000年。
王子今:《简牍史话》,北京:中国大百科出版社,2000年。
大庭修:《木简》,东京:学生社,1979年。
大庭修:《木简——来自古代的信息》,东京:大修馆书店,1998年。

"文德"地名考释

"文德"之名,未见诸《汉书》记载。传世出土文物中,亦仅有"文德左千人"印[1]及"敦煌汉简"中的零散记载。

"文德"之名,经沙畹及王国维等考释,认为系王莽所改"敦煌"之初名。王莽为何要将"敦煌"易名为"文德"?"文德"一名使用年代的上下限为何?其后又将"文德"易名为"敦德",原因为何?前贤学者均未曾论及。

本文爬梳史料,进行考释,认为"文德"之名系比附经义,师法孔子所云"故远人不服,则修文德以来之"之意。"文德"之名使用之年限,为始建国元年(9)至天凤三年(16),约有八年之久。至于将"文德"改名为

---

[1] 罗福颐:《秦汉南北朝官印征存》,北京:文物出版社,1987年,第106页。此印为龟钮,印面纵横各2.3厘米,印文三行五字,现藏北京故宫博物院。

"敦德"，系导因于对外围民族的矛盾政策及受天凤三年（16）和匈奴争夺西域势力范围，发动讨伐西域焉耆叛变战争失利的影响，使王莽改变主张，不再强调修仁义礼乐政教来招抚西域诸国。

一、前言

"文德"之名，未见诸《汉书》所载。传世出土文物中，亦仅有"文德左千人"印及"敦煌汉简"中零散记录，尤其是后者，为"文德左千人"印的考证，提供有利的证据。

"敦煌汉简"为原籍匈牙利，后归化英国的考古学家斯坦因（Mark Aurel Stein）在光绪二十六至二十七年（1900—1901）、光绪三十二至三十四年（1906—1908）、民国二至五年（1913—1916）三次经西域东来考古所掘获数千枚汉晋简牍。[1]现则扩大至汉代敦煌郡辖内出土简

---

[1] 马先醒师：《简牍学要义》，台北：简牍学会，1980年，第26—27页。

牍。[1]例如：敦煌马圈湾出土汉简、敦煌小方盘城采集汉简、敦煌酥油土出土汉简、玉门花海出土汉简、敦煌悬泉置遗址出土汉简等。[2]均见诸《敦煌汉简释文》《敦煌汉简》二书之中。

本文所要讨论的"文德"简，主要见诸斯坦因所获汉简及敦煌马圈湾出土汉简。所依据的释文及图版以甘肃省文物考古研究所编，中华书局1991年出版的《敦煌汉简》为主，同时参考大庭修编《大英图书馆藏敦煌汉简》。

---

[1]斯坦因所获简牍，经沙畹考释后，第一批称"Chinese Documents form the Sites of Dandan Uilliq Niya and Endera"，附载于斯坦因著《和阗故迹》《古代和阗》二书之末；第二批简考释后合并前所考释者为一书，名为《斯坦因发现于甘新沙碛中之汉晋简牍》；罗振玉、王国维据以重作考释，题为《流沙坠简》。始揭"敦煌汉简"之名者，当为王国维《敦煌汉简跋》第十四首。其后劳贞一先生作《敦煌汉简释文》，当是还王国维之原意。所以此后学者称"敦煌汉简"者，除夏鼐《新获之敦煌汉简》外，大抵指斯坦因所获简牍。而若加入其他在汉代敦煌郡辖内发现简牍者，除林梅村、李均明编《疏勒河流域出土汉简》外，仍沿用"敦煌汉简"之名。
[2]此处所指"敦煌悬泉置遗址出土汉简"，系指《敦煌汉简释文》《敦煌汉简》二书中收录者，不包括1990年10月至1992年12月汉代悬泉置遗址三次发掘所获的一万五千余枚汉简。

"文德"之名,见诸斯坦因所获汉简后,沙畹(Edouard Chavannes 1865—1918)曾加以考证。王国维释邮书"入西蒲书"简中的"文德"地名时曾加以引述推论。其云:

> 文德,地名,不见"汉志"。据上简,文德有大尹、有长史,则为边郡矣。("续汉志"郡当边戍者,丞为长史。)他简举西北边郡有文德、酒泉、张掖、武威、天水、陇西、西海、北地八郡。举文德而无敦煌,故沙氏释简文德为王莽所改敦煌郡之初名,以此简证之,沙说是也。此简称文德为始建国元年事,至地皇元年一简又称敦德,与"汉志"合,然则"汉志"所载,乃其再改之名也。[1]

此后,凡论及"文德"地名者,咸认同系王莽所改

---

[1] 罗振玉、王国维:《流沙坠简》,北京:中华书局,1983年,第125页。按:《流沙坠简》一书,依简牍内容和性质分成三大类进行考释,第一大类小学术数方技书、第三大类简牍遗文,由罗振玉完成;第二大类屯戍丛残,为王国维完成。

敦煌之初名，[1]故此说成为定论，殆无异议矣。

不过，王莽为何要将"敦煌"改名为"文德"？其所依据的理论为何？代表了何种意义？"文德"之名使用了多久？其后为何又将"文德"改名"敦德"？凡此，前贤学者所论，或有不及，或尚未言及，故本文拟在前人研究的基础上，就这些问题提出个人一些粗浅的看法。

（一）"敦煌"改名"文德"的理论与意义

初始元年（8）十二月，王莽取代汉室，由"假皇帝"成为真皇帝。后改国号新，并改元为始建国，随即对各项制度加以变革，行政区划的变更与地名的更改，亦为其中之一。《汉书》卷九十九《王莽传》，载其事云：

> 莽以《周官》《王制》之文，置卒正、连率、大尹，职如太守；属令、属长，职如都尉。置州牧、部监二十五人，见礼如三公。监位上大夫，各主五郡。公氏作牧，侯氏卒正，伯氏连率，子氏属令，男氏属长，皆世其官。其无爵者为尹。分长安城旁

---

[1]"文德"在敦煌汉简中，为郡名，亦作县名，"敦煌"亦然。愚以为无论作郡名或县名，王莽改名之理由应是一致。

六乡，置帅各一人。分三辅为六尉郡，河东、河内、弘农、河南、颍川、南阳为六队郡，置大夫，职如太守；属正，职如都尉。更名河南大尹曰保忠信卿。益河南属县满三十。置六郊州长名一人，人主五县。及它官名悉改。大郡至分为五。郡县以亭为名者三百六十，以应符命文也。缘边又置竟尉，以男为之。诸侯国闲田，为黜陟增减云。莽下书曰："常安西都曰六乡，众县曰六尉。义阳东都曰六州，众县曰六尉。粟米之内曰内郡，其外曰近郡。有障徼者曰边郡。合百二十有五郡。九州之内，县二千二百有三。公作甸服，是为惟城；诸在侯服，是为惟宁；在采、任诸侯，是为惟翰；在宾服，是为惟屏；在揆文教，奋武卫，是为惟垣；在九州之外，是为惟藩。各以其方为称，总为万国焉。"其后，岁复变更，一郡至五易名，而还复其故。吏民不能纪，每下诏书，辄系其故名……其号令变易，皆此类也。

这段记载颇详，但有两点值得我们注意及讨论。其一，班固在《汉书》中，将这段事迹系年于天凤元年（14）七月"大风拔树，飞北阙直城门屋瓦。雨雹，杀牛羊"。之后，且云"其后，岁复变更"。据此，王莽改易地名应是在天凤元年才开始。但是，"敦煌汉简"1893号简云：

入西蒲书二封　其一封文德大尹章诣大使五威将莫府
　　　　　　　一封文德长史印诣大使五威将莫府
始建国元年十月辛未日食关啬夫受□□卒赵彭

则"文德"之名最迟在始建国元年（9）十月即已见诸记载。但始建国元年十月为己亥朔，当月不该有辛未日。汉代人"十"与"七"写法相似，即"七"作"十"，两者区别在中间一竖的长短，一竖较长者为"十"，一竖较短者为"七"，此简考察图版，为横画长，竖短[1]，故"文德"之改名更可提前三个月，即始建国元年七月。同时在上述引文中，首言"莽以周官、王制之文，置卒正、连率、大尹，职如太守"。按：改太守为大尹系始建国元

---

[1] 俞忠鑫：《汉简考历》，台北：文津出版社，1994年，第146页。

年事。因此，班固的叙述，是一种追述的笔法，亦即王莽改易地名是在始建国元年开始，且是陆续进行的。

其二，王莽动辄改易地名的根据为何？曹金华根据《汉书·地理志》中班固注出的近八百个被改易的郡县地名进行分析，得出：（1）郡、县改称"亭""乡""聚"类；（2）用同音、同义或反义字更名类；（3）以此代彼与阴阳错乱类；（4）改带迷信色彩、取其吉利之称类；（5）改称"新""成""信"类；（6）改称"善""美""德""义"类；（7）改称"治""安""顺""平"类；（8）改称"城""宁""翰""屏"类；（9）改称"睦""隆"（陆）类；（10）侮辱少数民族、敌视劳动人民类；等等，共十类。同时指出改易地名的指导思想和理论依据为阴阳五行说、推崇儒学的正名思想、复古主义与现实民族关系的反映。[1]

曹氏用力极勤，由近八百个实例中，归纳出十项规律与四项理论依据，殊属不易。不过，在这些规律中，有些稍显空洞，未能更加具体地深入分析，说明此地名的改

---

[1] 曹金华：《王莽改易地名之基本规律与政治倾向》，《扬州师院学报（社会科学版）》1991年第2期，第118—123页。

易是依据何书、何事或何物而更改。例如:《后汉书》卷十一《刘玄刘盆子传第一》有"探汤侯田况",李贤注云:"王莽改北海益县曰探汤。"按:"探汤"一词在《汉书·地理志》中班固自注"探阳",《后汉纪》作"沐阳"。周天游认为:

> 王莽改易郡县名,多据经义。益之改名,乃封田况镇压赤眉起义军之功,其意本论语季氏篇之"见善不如探汤"。故作"探汤"者是也。汉书地理志作"探阳",乃形近而讹。袁纪作"沐阳",则失之遗矣。

据此,王莽改易地名,某些地名系从经义中撷取。是故,"敦煌"之改名为"文德",不应仅从改称"善""美""德""义"的方向思考,应循经义实质的内容来探讨。

按:《论语·季氏》篇中,亦有"故远人不服,则修文德以来之"之句,孔子此语是在答冉有、季路问季氏将伐颛臾事时所说,意即不主张武力征伐不服者,而应修仁义礼乐政教来招抚他们。"敦煌"为前往西域的门户，故改易为"文德"，当有师法孔子之初衷。虽然后来因王莽以"天无二日，土无二王"为由，强令"四夷僭号称王者皆更为侯"，致激起匈奴、西域皆叛，同时王莽在天凤三年（16）命五威将王骏、西域都护李崇将戊己校尉出西域，击焉耆。但此事发生在始建国元年之后，且西域之战实质上是新莽与匈奴为争夺西域势力范围而进行的战争。所以和改易"敦煌"为"文德"无涉，不能相提并论，因此，"文德"之名，当是依附"论语"中孔子所述之意更改而来。[1]

---

[1]《史记·周本纪》载，周穆王将征犬戎，祭公谋父进谏曰："不可。先王耀德不观兵。……先王之于民也，茂正其德而厚其性，阜其财而利其器用，用利害之乡，以文修之，使之务利而辟害，怀德而畏威，故能保世以滋大。……夫先王之制，邦内甸服，邦外侯服，侯卫宾服，夷蛮要服，戎翟荒服。甸服者祭，侯服者祀，宾服者享，要服者贡，荒服者王。日祭，月祀，时享，岁贡，终王。先王之顺祀也，有不祭则修意，有不祀则修言，有不享则修文，有不贡则修名，有不王则修德，序成而有不至则修刑。于是有刑不祭，伐不祀，征不享，让不贡，告不王。于是有刑罚之辟，有攻伐之兵，有征伐之备，有威让之命，有文告之辞，布令陈辞而有不至，则增修于德，有无勤于远，是以近无不听，远无不服。"因此，主张仁义礼乐政教招抚戎狄之观念在孔子之前已有，但由改名"探汤"之例而观之，王莽将"敦煌"易名"文德"，系依《论语》之意。

(二)"文德"之名使用年代上下限的推限

王国维云:"此简称文德、为始建国元年事,至地皇元年一简又称敦德,与'汉志'合。"王氏指出在地皇元年(20)时"文德"已易名为"敦德",但并未明白指出"文德"一名使用年代的上下限,其后的学者亦未论及,那么这一名词的使用期限为何?

"文德"之名的正式出现时间,由于"敦煌汉简"1893号简中有明确的系年,因此,最迟在始建国元年(9)七月。至于最后使用的年代,王国维似认为在地皇元年,此有待商榷。王国维的主要证据为地皇元年的这一枚系年简出现了"敦德"的名称。依此理,我们也可从"敦煌汉简"中的系年简有"敦德"名称者来加以考察。

"敦煌汉简"中的有关"敦德"系年简,经检索后,依编年排列,有下列数简:

> 始建国天凤三年十二月壬辰敦德玉门行大尉事
> 试守千人辅=试守丞况谓大前都尹西曹聊掾行塞蓬
> (敦:193A)

皇帝陛下臣厶叩=头=十二月壬辰敦德玉门行大尉事试守（敦：182）

皇帝陛下　始建国天凤三年十二月壬戌书敦德玉门千秋隧（敦：180）

皇帝陛下　始建国天凤三年正月甲戌上敦德大煎都候障（敦：181）

敦德步广尉曲平望塞有秩候长敦德新始建国地皇上戊元年=

七月乙未迹尽划年九月晦积三百六十日除月小五日定三百

亭间田东武里五士王参秩庶士　　　　五十五以令=

二日当三日增劳百黍半日为五月二十黍日半日（敦：1854）

由上列数简可知，"敦德"之名在天凤三年（16）十二月已经开始使用，其由"文德"易名为"敦德"，当在此之前，较地皇元年（20），至少要早上四年。因此，

"文德"之名的使用上下限,约为始建国元年(9)至天凤三年(16),大概有八年之久。

于此,尚须附论及者为,王国维未能明确判断出"文德"一名使用的上下限,系受所见史料的限制,不能苛责。按:上述五简中,1854号简为斯坦因所发现者,亦即王国维所说的"地皇元年"一简。其余的四简为1979年9月16日至10月5日在敦煌马圈湾烽燧遗址挖掘出土者。[1]为王氏所未见。

(三)"文德"易名为"敦德"原因的推测

由上述可知在天凤三年十二月,即已不用"文德"之名,改称"敦德",且沿用至新莽政权被推翻。那么为何要将"文德"易名为"敦德"?窃以为这次的易名,原因有二:

---

[1] 敦煌马圈湾烽燧遗址为斯坦因东来时未被发现者。1979年6月,甘肃省文物工作队(甘肃省文物考古研究所的前身)由敦煌开始,对河西汉塞进行全面调查。于马圈湾湖滩东侧的戈壁走廊汉塞内侧发现一圆形沙丘,在沙丘西南侧沙砾表层下的杂草中,发现数枚汉简,证实为汉代烽燧遗址,遂于同年9月16日至10月5日进行挖掘。甘肃省文物考古研究所编的《敦煌汉简》一书,主要目的在刊布这次发现的1221枚简。

其一，为对外围民族的矛盾政策下的产物。

由前述，可知王莽改易地名好比附经义，"敦煌"之易名"文德"，即依附《论语·季氏》篇中"故远人不服，则修文德以来之"之义，寄望用仁义礼乐政教招抚西域民族。但另一方面却又认为：

> 天无二日，土无二王，百王不易之道也。汉氏诸侯或称王，至于四夷亦如之，违于古典，缪于一统。其定诸侯王之号皆称公，及四夷僭号称王者皆更为侯。

在这种刻意贬抑外围民族的心态下，派出五威将，分赴各地，贬句町王为侯，尽改西域王为侯，至匈奴王庭，则将授予单于印改汉印文，去"玺"曰章，不予故印，其后更改匈奴单于为"降奴服于"，导致匈奴寇边境，杀戮吏民，句町、西域亦叛。或许在这种外围民族齐叛的情形下，使王莽感觉，对付外围民族不能纯靠仁义礼乐政教，拟采取军事行动，以武力征伐，所以，作为进出西域门户的"文德"郡,遂改名为"敦德"。

其二,与天凤三年(16)的战争有所关联。这一次的战争在《汉书》中的记载,分别见诸《西域传》与《王莽传》。《西域传》所载为:

> 天凤三年,乃遣五威将王骏、西域都护李崇将戊己校尉出西域,诸国皆郊迎,送兵谷,焉耆诈降而聚兵自备。骏等将莎车、龟兹兵七千余人,分为数部入焉耆,焉耆伏兵要遮骏及姑墨、尉犁、危须国兵为反间,还共袭击骏等,皆杀之。唯戊己校尉郭钦别将兵,后至焉耆。焉耆兵未还,钦击杀其老弱,引兵还。莽封钦为剼胡子。李崇收余士,还保龟兹。数年莽死,崇遂没,西域因绝。

《王莽传》则云:

> 是岁(天凤三年),遣大使五威将王骏、西域都护李崇将戊己校尉出西域,诸国皆郊迎贡献焉。诸

国前杀都护但钦，骏欲袭之，命佐帅何封、戊己校尉郭钦别将。焉耆诈降，伏兵击骏等，皆死。钦、封后到，袭击老弱，从车师还入塞。莽拜钦为填外将军，封剿胡子，何封为集胡男。西域自此绝。

《资治通鉴》综合上述两传的记载，所述最详。其云：

是岁（天凤三年），遣大使五威将王骏、西域都护李崇、戊己校尉郭钦出西域；诸国皆郊迎，送兵谷。骏欲袭击之，焉耆诈降而聚兵自备，骏等将莎车、龟兹兵七千余人分为数部，命郭钦及佐帅何封别将居后。骏等入焉耆；焉耆伏兵要遮骏，及姑墨、封犁，危须国兵为反间，皆杀之。钦、封后至焉耆，焉耆兵未还，钦袭击，杀其老弱，从车师还入塞。莽拜钦为填外将军，封剿胡子；何封为集胡男。李崇收余士，还保龟兹。及莽败，崇没，西域遂绝。

此外，在"敦煌汉简"中，例如"粮食乎尽吏士饥喂马畜物故什伍人以食为命兵"（敦：135）、"校食枯草"（敦：206）、"闲以戊部饿乏求至省减吏士廪分振罢赢闲县"（敦：971）等记载，可与史籍相印证，弥足珍贵。

《汉书》与《资治通鉴》的记载和"敦煌汉简"相印证。这一场战争，自天凤三年（16）上半年，王莽派遣大使五威将王骏出使西域已发其端。至六月间，王骏受焉耆伏击后，虽有何封、郭钦等袭杀焉耆老弱，但莽军已现败象。至九、十月，因援军进兵困难，衣食器械均不足。因此，莽军只好放弃戊部屯戍基地，向关内撤退。至天凤四年正月，则全部撤退至敦煌附近的马圈湾。至此，西域遂绝。

王莽本是一个情绪善变又迷信图谶符命的人，政令推行常有朝令夕改之举，在遭遇挫折之际，则更为显著。天凤三年，征伐西域一开始就失败，可能为了掩饰窘境，因此，放弃"文德"之名，改称"敦德"。很可能在六月初战争失利后改名，所以才会在天凤三年十二月简文中，出现"敦德"之名。

至于改称"敦德"的意义何在？现在没有直接史料

来证明。个人推测,很可能是王莽遇到挫折后不愿再将"文德"改回"敦煌"旧名,采取的折中方式,称"敦德"。因此,这个"德"字并无仁义道德的含义,对这个"德"字不能以王莽要发动战争,又要讲求修文德仁义政策来解释。[1]

综合上述,王莽发动对西域的战争,除了导因于其对外围民族的矛盾政策外,与匈奴争夺在西域的势力范围,亦为原因之一。

二、结论

"敦煌汉简"的出土,使湮没千载的"文德"地名重现。沙畹、王国维对此地名的考释,指出为王莽所改"敦煌"之初名,厥功至伟。不过,受限于史料,未能进一步深入地探讨。现马圈湾烽燧遗址汉简的出土,使我们对这一段新莽的历史,能够有较深刻的认识,使对"文德"地名的考释也能得到较周延的看法。

---

[1] 吴昌廉教授认为敦德之"德"字有文德仁义政策之内涵,是过于拘泥于字面的解释而未能考虑王莽性格及客观环境所致。

综合前述，本文认为"文德"之名，系比附经义，师法孔子所云"故远人不服，则修文德以来之"之意。"文德"之名的使用年限，为始建国元年至天凤三年，约有八年之久。至于又将"文德"改为"敦德"，鄙意系受对外围民族的矛盾政策及天凤三年对西域战争失败的影响，使王莽改变主张，不再强调仁义礼乐政教来招抚西域诸国。因之，作为通往西域门户的"文德"再度易名为"敦德"。

后记：本文曾以《"文德"简考释》为题于 1995 年 4 月 27 日，在高雄凤山陆军官校文史系举办的"两汉三国史学术研讨会"上宣读，得到管东贵教授、韩复智教授、吴昌廉教授指正，不胜感激。今经修改为本题，爰以为记。

九九术与《九章算术》

一

秦汉时期的科学技术，在先秦奠定的良好基础孕育下，已有重大的发展与突破。具体的成就表现在金属冶炼工艺、农业科技、天文历算、医学、数理、水利工程及建筑技术等方面。

本文要谈的九九术及《九章算术》属于数理方面的重大成就。一般都认为中国数学的黄金时期在宋元之际，但如果没有汉代的九九术及《九章算术》奠定的基础，恐怕也是无法一蹴而就的。因此认识秦汉时期的数学成就，有助于我们了解中国古代数学的发展。

二

九九术又称九九歌诀，现代则通称之为九九表。

九九术起源于何时,现今已无法考知。根据《汉书·梅福传》的说法,在齐桓公时,有人以之干利禄,齐桓公不拒之,欲招来更多贤士。其云:

> 臣(梅福)闻齐桓之时有以九九见者,桓公不逆,欲以致大也。(颜师古注曰:"九九,算术,若今九章、五曹之辈。")

而《说苑》卷第八《尊贤》的记载较为详细。这段记载为:

> 齐桓公设庭燎,为士之欲造见者。期年,而士不至。于是东野鄙人有以九九之术见者,桓公曰:"九九何足见乎?"鄙人对曰:"臣非以九九为足见也,臣闻主君设庭燎以待士,期年而士不至;夫士之所以不至者,以君天下贤君也,四方之士,皆自以论而不及君,故不至也。夫九九薄能耳,而君犹礼之,况贤于九九者乎?夫太山不辞壤石,江海不逆小流,

所以成其大也。诗云：'先民有言，询于刍荛。'言博谋也。"桓公曰："善。"乃因礼之。期月，四方之士相携而并至矣。

上述两段记载中，九九术只是被当作游说齐桓公招贤纳士的借口，不过也证明九九术的起源，应早于春秋之世。

九九术的起源虽早，但其歌诀的具体形式，在文献中却未见详细的记录。所幸地不爱宝，考古发掘提供了多项的材料供我们摩挲。这些材料以简牍居多。目前简牍出土的数量，将近二十万枚，而汉简的数量，则逾五万枚。而已公布释文者，以"敦煌汉简""居延汉简""居延新简"的数量较多。九九术的残简也是在这三种汉简中发现的，现依出土时间先后顺序，分述如后：

清光绪三十二年至三十三年（1906—1907），英籍探险家斯坦因（Aurel Stein）在新疆和阗、尼雅、楼兰古城及甘肃敦煌汉代长城障隧遗址发现简牍等文书，后来学者将在敦煌汉代长城障隧遗址发现的简牍称之为"敦煌汉简",唯随简牍出土数量的增加,现在"敦煌汉简"的涵盖意义已超出原来界定的范畴。不过九九术的残简是由斯坦因所发现的,而由罗振玉、王国维考释确定,该简系一长260厘米,宽24厘米的木牍,其书写排列的情形为:

九九八十一　八八六十四　五七卅五　□□□□
二三而六　　大凡千一百一十
八九七十二　七八五十六　四七廿八　五五廿五
二二而四
七九六十三　六八　八　　三七廿一　四五廿
□□□五八　　　三五十五

"居延汉简"是1930年中瑞西北科学考察团在汉代居延地区的障隧遗址发现的,这批汉简曾经马衡、余逊、贺昌群、劳榦等人从事考释,最后由劳榦先生独力完成。目前释文版本繁多,以《居延汉简·考释之部》(台北:"中央研究院"历史语言研究所,1987年)、《居延汉简·图版之部》(台北:"中央研究院"历史语言研究所,1958

年)、《居延汉简甲乙编》(北京：中华书局，1980年)、《居延汉简释文合校》(北京：文物出版社，1987年)较常为人征引。"居延汉简"所见九九术，见于该批简牍编号75.19号简，其书法为：

九九八十一　四九三十六　八八六十四
八九七十二　三九二十七　七八五十六
七九六十三　二九一十八　六八四十八
六九五十四　　　　　　　五八四十
五九四十五　　　　　　　四八三十二
三八二十四

"居延新简"为1972至1974年间，甘肃省考古工作者再度到居延地区从事考古调查所得，有一万多枚，现在看到的释文版本有两个，都是由甘肃省文物考古研究所、甘肃省博物馆、中国文物研究所(原称文化部古文献室)、中国社会科学院历史研究所编，中华书局出版。因附有图版，为研究者较常用的版本。但二书刊布的内容，仅是在

甲渠候官与第四隧发现者,肩水金关遗址出土者尚未公布。九九术的残简在"居延新简"中凡二见,分别是:

　　　　　□□□
　七　二　四六廿四　二五十　　二四八
□七卅五　三六十八　四=十六　一二　毋以□
　廿八　　二六十二　三四十二　　□□
（EPT52.189）

　　□　　　　七八五十六
八九七十二　六八　八　五七卅五　五六卅
四五二十　　一二而二
七九六十三　五八　　四七廿八　四六廿四
四=十六　　二八一十六
六九五十四　四八卅二　三七廿一　三六十八
三四十二
（EPT52.223）

上述诸简排列方式虽不尽相同，但可归纳出四项特点：

第一，四者中虽有残缺，不过仍可看出，都是从"九九八十一"开始。

第二，四者似均无"一一而一"以至"一九而九"等。

第三，"敦煌汉简"之九九术残简，下有"大凡千一百一十"总数，应是简上所书九九术之总和。

第四，"千一百一十"之总数，是自"二二而四"至"九九八十一"之和，是汉代九九术似本无"一一而一"至"一九而九"等九句。

九九术的起源，远在春秋之前，流传至今，因一般文献的记载缺漏，致其原貌难考。幸赖简牍出土，将2000多年前的实物重现吾人眼前，使我们得以略窥汉代数理之一斑。汉代以后，九九术不仅是算术演算的基本法则，研习数理的基础，同时也融入中国人的传统社会生活中，这一点值得我们在探讨科技文化时予以特别重视。

三

《九章算术》是目前我们所能看到的最早最完整的一本数学著作，大约成书于东汉时期。全书有246道与日常生活息息相关的问题及其解法，依照问题的性质和解法，分别隶属于《方田》《粟米》《衰分》《少广》《商功》《均输》《盈不足》《方程》及《勾股》九章。各章的性质兹分述如后：

《方田》：主要是讨论田亩面积的问题。因我国古代对正方形及矩形的田统称为方田，故以之为章名。本章尚有关于分数的系统叙述，并给出约分、通分、四则运算、求最大公约数等运算法则。

《粟米》：主要讨论的是比例算法，特别是按比例互相交换各种谷物的问题。因在"粟米"问题中使用比例算法较广泛，而且最早，故以之为章名。

《衰分》："衰分"是按一定比率分配的意思。用现在的术语来说，就是配分法或配分比例。

《少广》：按字义而论，"少广"就是广少而从多，需截多以益少。亦即由已知长方形面积或长方体体积求其一边的长，谈的是开平方和开立方的方法。

《商功》："商"，有商量、估算的意思；"功"，指工程量或工作天。故"商功"是指对土木工程的规模、工作天数和工程量的估算。因涉及工程的规模，所以本章中有计算土方体积和人力安排的实例。

《均输》：是指如何按人口多寡、路途远近、谷物贵贱平均缴纳赋税或摊派徭役的计算方法。其法即配分比例法。

《盈不足》：一般西方学者称此法为"双设法"，即先取一数设作答案，依题核算，若结果合于所问，则所设数即所求的数；若不合问，与已知数相较，不是盈余便是不足。所以说："盈者，满也。不足者，虚也。满虚相推，以求其适，故曰盈不足。"

《方程》："方"即方形；"程"即表达相课的意思，或者是表达式。于某一问题，如有若干个相关的数据，将这些相关的数据并肩排成方形，则称为"方程"，即现今的增广矩阵，属一次联立方程式问题。本章还引进负数观念，并给出了正负的加减运算法则。

《勾股》：我国古代称直角三角形的短直角边为勾，长直角边为股，斜边为弦。这里主要是利用已知直角三角形的两边推求其第三边的方法，并用这种定理计算高、深、远、广等问题。

《九章算术》的分类和当时社会经济紧密结合，同时体系完整，显然它不是一时一人之作，应是经过长期实验，累积多人经验而成的。但是确切成书年代，编者是谁，和先秦、秦汉时期的其他数学著作的承续关系如何，学术界对这些问题始终是各执己见，争论不休。最早为《九章算数》作注的刘徽认为《九章算术》和《周礼·保氏》所说的"九数"有关系。而"九数"根据郑众的解释，是方田、粟米、差分、少广、商功、均输、方程、赢不足、旁要，这些和《九章算术》只稍有差别。很多学者对于郑众的说法表示怀疑，因为他所列举的"九数"中有均输，一般认为均输不早于汉武帝，所以《九章算术》是不是"九数"之流就成了问题，归根究底，是大家未曾看过早于《九章算术》的系统数学著作。不过湖北江陵张家山《算数书》

的出土，使我们对《九章算术》的原型有进一步了解。

1983年底至1984年初，在湖北江陵张家山的三座西汉前期墓葬里，发现大批竹简，其中编号M247号墓所出竹简数量较多，保存也较完整，《算数书》就是在该墓出土的。《算数书》的出土引起学者极大的兴趣，并有多篇论文进行讨论，因此本文参考这些论文对《算数书》的内容及其与《九章算术》的关系的研究，略加介绍。

《算数书》的简文书写在二百枚简上，约有7000字。全书有60余小标题，就其内容可分成两大类，第一大类为计算方法，又可分成两小类。一类是关于整数乘法和分数加、减、乘、除的计算法，如乘、分合（分数加法）、矰（增）减分（分数加减法）、分乘（分数乘法）、径（经）分（分数除法、约分）等；另一类是关于某一问题的具体算法，即"术"，如"石衡之术""少广之术"等。第二大类是与当时生产有密切关系的应用问题，如"出金""铜耗""方田""贾盐""税田""息钱""负炭"等，这一类最多，共有50余题。

从成书年代、体例和内容来看，《算数书》和《九章算术》有不少差异，但也有共同之处，例如:《算数书》中有"少广之术"，《九章算术》的卷四《少广》，两者不仅标题相同，文字亦近似。《九章算术》书中《少广》的第一道问题为：

> 今有田广一步半，求田一亩，问从（纵）几何？
> 答曰：一百六十步。
> 术曰：下有半，是二分之一。以一为二，半为之，并之为三，为法（除数）。置田二百四十步，亦以一为二乘之，为实（被除数）。实如（除以）法得从（纵）步。

按：我国古代田制，六尺为一步，广一步、长二百四十步为一亩。上述这个例题是问：假设有田一亩，其广为一步半，欲求其长为多少。换句话说，已知方形面积和其一边，欲求其另一边长。其计算方法是：

一步半，即 1 和 $\frac{1}{2}$

各乘以2使成整数,即2和1。

两者相加,得3,作为除数。

二百四十步,即240,也乘以2,得480,作为被除数。结果得160。即所求之纵长步数。

如果我们将之改以现在的代数方法求解,其运算过程如下:

$$(1+\frac{1}{2}) \times x = 240$$

$$x = \frac{240}{1+\frac{1}{2}} = \frac{240 \times 2}{(1+\frac{1}{2}) \times 2} + \frac{480}{3} = 160$$

从这个运算过程,可以发现其步骤和《九章算术》是一样的。

《算数书》中也有一段记载与此相似:

少广,广一步半步。以一为二,同之三,以为法。即直(置)二百(四十)步,亦以一为二,除加法得从(纵)步,(纵)百六十步。

除个别的文字差异外,和《九章算术》基本相同。因此,《九章算术》可能是沿袭《算数书》而来,或者二书有共同的来源。

《九章算术》成书以后,我国的数学著作主要取两种模式。一是为《九章算术》作注,包括注释、细草、详解等各种形式。其中以刘徽的注较著名,刘徽的成就包含对数学的定义,对公式、解法的证明,某些方法的推广,各方法之间的关系及提出某些新的方法等,为《九章算术》奠定了理论基础。尤其刘徽为证明《方田》的圆田公式,提出割圆术有极限的思想,而了解到圆周率相当于3.1416,此后祖冲之才能精确到八位有效数字。另一种模式则是以《九章算术》为楷模,编纂新的数学著作,著名的有南宋秦九韶《数书九章》,元李治《测圆海镜》、朱世杰《算学启蒙》及《四元玉鉴》。所以探讨宋元数学黄金时期的出现,不能忽视《九章算术》的贡献与影响。

最后我们还要谈到的是，《九章算术》的246道例题，大约有190道题是和社会经济活动有关的应用题，长期以来都被学者当作研究汉代社会经济的第一手史料，这另一重大贡献，在研究秦汉史时不可不知。

四

秦汉时期的科学技术的成就是多方面的，除本文介绍的数理外，可谈者尚多。例如医学，我们常说华佗能以麻沸散为人动手术，事实上这种手术也是长期经验积累的。其余如有关环保、防疫的观念等，限于篇幅暂无法做更进一步的说明。

后记：本文九九术部分，系由旧稿《汉代的九九乘表》（署名：庸儒，原载1987年2月23日《大华晚报》第十一版《读书人》）修改扩充而成。

广州曾发现一块刻有九九术的汉砖。唯此篇考古报告，笔者忘却放置于何处，故一时未能详细指出出处，俟来日寻获再行补上。

以管窺天

治学方法浅见：首重正确理解史料

一、前言

吴福助老师赐函，要求写一篇谈治学方法的短文刊载于《东海大学图书馆馆刊》，自忖学问不够成熟，并非望重士林，也未届耄耋之龄，实难堪此任，唯尊长者所嘱，难以辞卸，仅就平日读书所见，黾勉从之，以草此文，敬请方家赐正。

二、计算机不是万能的

余嘉锡在《宋江三十六人考实》一文中感叹云：

> 虽迭经修改，征引差详，犹以未得陈泰、陆友仁两诗出处为憾。质之吾友陈援庵先生，为从所藏《所安遗集》及《元诗选》内检出见示。《所安

集》抄本,余所未见;《元诗选》则曾翻阅而未得者也。[1]

余嘉锡当时若有计算机及相关软件设备,可立即经由网络或数据库检索获得所需,应不致有此遗憾。

今日网络发达,各项电子数据库确实有助于学术研究,从博、硕士论文撰写,甚或成名学者,几乎无人不仰赖计算机进行检索。但计算机检索真的是万能的吗?

河南大学及河南省历史学会主办之《史学月刊》2015年第1期,有"计算机技术与史学研究形态笔谈"专栏,对利用计算机进行史学研究的利弊,邀请乔治忠、王子今、王文涛、陈爽、周祥森五位学者发表看法。五位学者肯定运用计算机从事学术研究的优势,也指出其缺失者。乔治忠更指出,使用计算机检索史料,往往带有"欲取所需"的默认目标,即主观上已形成观点而急切搜寻根据。因此一旦有所"发现",容易导致不加辨析,仓促间即曲

---

[1] 余嘉锡:《余嘉锡文史论集》,长沙:岳麓书社,1997年,第311页。

解引用。[1]其所举例证读者可自行查阅。

个人在阅读及工作中,也体会到利用计算机检索并非万能,兹举二例说明之:

例一:

陈丽桂《两汉诸子研究论著目录2002—2009》(台北:汉学研究中心,2010年),页15,"徐幹与《中论》"项,2211条为:林建德《〈老子〉与〈中论〉之哲学比较——以语言策略、对反思维与有无观为线索》,台北:台湾大学哲学研究所博士论文,311页,2006年6月,陈鼓应、蔡耀明指导。

此条目个人一看即甚感疑惑,因徐幹《中论》不大可能会有"有无观"思维,特前往国家图书馆调阅该论文,发现该论文系将《老子》与鸠摩罗什翻译的佛经《中论》进行比较研究,所指《中论》并非徐幹所撰者,因思

---

[1] 乔治忠:《历史研究电子资源运用的兴利除弊》,《史学月刊》2015年第1期(总第411期),第5—9页。

及此应系利用计算机检索未经复核所造成失误。

例二：

2015年5月8—10日个人应邀前往山东德州参加"2015年首届东方朔文化国际学术论坛"，为撰写论文及编辑《台湾东方朔研究论著目录》，因此查阅有关东方朔研究相关论著，发现有一条目：

蔡英俊，《批评的理则·答客难》，《幼狮月刊》，第45卷第3期（1977.03），页64—66。

初看此应是研究东方朔《答客难》之作，其实乃作者回复他人对其批评的一篇论文，[1]题目用了"答客难"一词，如果只相信计算机检索，未进行查核，势必造成失误。

---

[1] 周诚真在《谈怎样重估李贺诗》（见《幼狮月刊》第44卷第3期，1976年9月）一文中，对蔡英俊《李贺诗的象征结构试探》（见《中外文学》第4卷第7期，1975年1月）的观点提出商榷，蔡氏因而再为文进行回复。

此外，古籍中往往有罕用字，从数据库检索下载后，会因不同的操作系统导致缺字现象，故在下载后应再核对一次。

三、传统治学方法不能放弃

吕思勉曾说："治史学的人，虽不是要做文学家，然对于文学，亦不可不有相当的了解。其中一是训诂。……二是文法。"[1]训诂、文法为传统治学方法之一，其实校勘、目录，甚至职官制度、地理沿革、历史年代的查核，也是治学的重要方法。相关理论于此不赘述，兹以实例说明之。

（一）不明制度致误例

例一：

魏子云《汉赋名家——东方朔》一文中云：

他初到长安京城，呈给皇帝的意见书，多得要用公交车装载，有三千件奏牍。在汉朝，书写文件

---

[1] 吕思勉：《历史研究法》，台北：五南图书出版公司，1995年，第105—106页。

用的是竹简,一件最少是一卷,甚而许多卷,试想三千卷,可是够多了。所以把它送上公交车装卸。[1]

按《史记》原文为:

> 朔初入长安,至公车上书,凡用三千奏牍。公车令两人共持举其书,仅然能胜之。

张守节《正义》:"《百官表》云:'卫尉属官有公车司马。'"《汉仪注》云:"公车司马掌殿司马门,夜徼宫,天下上事及阙下,凡所征召皆总领之。秩六百石。"两相对照,可以发现,对"凡用三千奏牍"及"公车"的文义有所误解。"凡用三千奏牍",指东方朔上书系用三千枚简牍写成。目前出土简牍的编联方式有两种,一种是写好每一枚简牍后再编联成册;另一种是先编联再书写,无论何种方式写成后均卷成一册,故曰一卷。故"凡用三千奏牍"

---

[1] 文载中华文艺复兴运动推行委员会、国家文艺基金会:《中国文学讲话(两汉文学)》,台北:巨流图书公司,1984年,第331—337页。

非"三千卷"。"公车"则是"公车司马"的简称,如张守节《正义》引《汉仪注》所言,为"掌殿司马门"之官,而非"用公交车装载"或"公交车装卸"。

例二:

郑莹忆《保甲制度与部落社会:以十八世纪以来岸里大社为例》,引《大清会典》曰:

凡保甲之法户,给印单书其姓名、习业、出注所、往入稽所来。十户为牌,立牌长;十牌为甲,立甲长;十甲为保,立保长。

并进一步解释,"各户登记姓名、住所、事业等资料"。[1] 按:此段因作者对保甲制度内容不了解,断句错误,而致对文义亦误解,正确的断句为:

凡保甲之法,户给印单,书其姓名、习业;出

---

[1]《第六届台湾古文书与历史研究学术研讨会论文集》,台中:逢甲大学出版社,2012年,第65—109页。

注所往、入稽所来。十户为牌,立牌长;十牌为甲,立甲长;十甲为保,立保长。

"习业"是"职业",非"事业";"出注所往、入稽所来"是指迁出或迁入均应注明在印单上。

(二) 不通文法致误例

例一:

徐凤冈《明代以运避黄治河策略的实践——朱衡开通南阳新河》,注5云:

〔明〕于慎行,《谷城山馆文集》,卷28,《朱公行状》,页28、29:"太宰李公默,闽人也,子弟家居、张甚与同邑生构率奴客市欧生,墨其面而曳之,吏不敢省,公曰:'幸奉尺一为学吏令,贵疆辱诸生,至此立捕。'诸李子弟穷治,得状论上御史,御史难之,公曰:'此独某为之,不敢以累使君。'御史不得已,从公。"[1]

---

[1] 徐凤冈:《明代以运避黄治河策略的实践——朱衡开通南阳新河》,载于《卦山史话》2010年第3期,页47—87。

按：作者误解文义及不通文法，断句错误之处甚多，致文义不可解。尤其"家居、张甚"中以顿号隔开，似乎将"家居""张甚"理解为人名，其实"家居张甚"是指平日很嚣张狂妄。正确断句为：

〔明〕于慎行，《谷城山馆文集》，卷28，《朱公行状》，页28、29："太宰李公默，闽人也。子弟家居张甚，与同邑生构。率奴客市欧生，墨其面而曳之。吏不敢省。公曰：'幸奉尺一为学吏，令贵疆辱诸生至此，立捕诸李子弟穷治。'得状论上御史，御史难之。公曰：'此独某为之，不敢以累使君。'御史不得已，从公。

例二：

林文龙点校《澎湖厅志稿》（台中：台湾省文献委员会，1997年4月30日出版），页33—234云：

每船载杉板船一只，以便登岸，出入悉于舟侧名水仙门碇，凡三：正碇、副碇、三碇。入水数十丈，棕藤草三緪，约值五十金，寄碇先用铅锤试水深浅，绳六，七十丈，绳尽犹不至底，则不敢寄，铅锤于末涂以牛油，沾起沙泥，柁师辄能办至某处。

按：此段所述之事甚广，大致可分为二段。"水仙门"前为一段，所涉凡二事，为登岸、出入舟船。故"以便登岸"下宜断以句号，出入舟船系经由舟侧水仙门，所以"出入悉于舟侧"下应加逗号断开，"名水仙门"下应加句号。碇者，泊船之具，与出入舟船无涉。故"碇"应下属，且其后所述诸事皆与碇有关，不宜与"水仙门"连用。"入水数十丈，棕藤草三緪，约值五十金"系"碇"的补充说明，可单独成句。"寄碇"以下，谈泊碇及辨地理事，故至"则不敢寄"为一事，"铅锤于末涂以牛油"以后所述为一句，其前之逗号应改为句号。又"绳六，七十丈"应为"绳六七十丈"。此皆与不谙文法有关。全句正确断法为：

每船载杉板船一只，以便登岸。出入悉于舟侧，名水仙门。碇，凡三：正碇、副碇、三碇。入水数十丈，棕藤草三絚，约值五十金。寄碇先用铅锤试水深浅，绳六七十丈，绳尽犹不至底，则不敢寄。铅锤于末涂以牛油，沾起沙泥，柁师辄能办至某处。

例三：

陈国成《吾衍年谱》云：

程巨夫，名文海，号雪楼，又号远斋，元京山人，后家建昌。少与吴澄同学。避武宗讳以字行。世祖时屡迁集贤直学士，奏陈五事，又请与建国学，搜访遗逸，帝嘉纳之，奉诏求贤江南，荐赵孟頫等二十余人，皆擢用。皇庆初累官翰林学士承旨致仕，追封楚国公，卒谥文宪，巨夫闳才博学，被遇四朝，忠亮鲠直，为时名臣。文章舂容大雅，有《雪楼集》。[1]

---

[1] 陈国成：《吾衍年谱》，载于《渤海大学学报》2015年第1期，第133页。

按：本段因不通文法，致断句不当而文义全失。"奏陈五事，又请与建国学，搜访遗逸，帝嘉纳之"为一事，"奉诏求贤江南，荐赵孟頫等二十余人，皆擢用"为一事，故"帝嘉纳之"下应为句号。又"皇庆初累官翰林学士承旨致仕，追封楚国公，卒谥文宪"为一事，"文宪"下应为句号。同时不了解元代官制，"皇庆初累官翰林学士承旨致仕，追封楚国公"，亦有问题，翰林院初创于唐，历宋、辽、金、元、明、清各朝皆有更迭，《元史·百官三》云："翰林兼国史院，秩正二品。中统初，以王鹗为翰林学士（承旨），未立官署。至元元年始置，秩正三品。六年，置承旨三员、学士二员、侍读学士二员、侍讲学士二员、直学士二员。……（延祐）五年置承旨八员。后定置承旨六员，从一品；学士二员，正二品；侍读学士二员，从二品；侍讲学士二员，从二品；直学士二员，从三品。"另设有蒙古翰林院，其职官设置与翰林院略同，故"累官翰林学士承旨"为一事，"致仕"为一事，二者间应加句号。全段正确的断句为：

程巨夫，名文海，号雪楼，又号远斋，元京山人，后家建昌。少与吴澄同学。避武宗讳以字行。世祖时屡迁集贤直学士，奏陈五事，又请与建国学，搜访遗逸，帝嘉纳之。奉诏求贤江南，荐赵孟頫等二十余人，皆擢用。皇庆初累官翰林学士承旨。致仕，追封楚国公，卒谥文宪。巨夫闳才博学，被遇四朝，忠亮鲠直，为时名臣。文章春容大雅，有《雪楼集》。

（三）不明地理沿革致误例

陈国成《吾衍年谱》：

开化县，后魏置，北周废，故治在今湖北郧西县北，南朝宋置，唐省。故治在今安徽霍山县北，宋置开化场，寻升为县，明清皆属浙江衢州县府，民国初属浙江金华道。

按：开化县前后有三处，顾祖禹在《读史方舆纪要》

一书中有明确的叙述。[1]年谱作者不明沿革地理，于此将三者一并述及，视同为一处，且在断句上出现差误，反使三开化县关系混淆不清。正确的断句为：

> 开化县，后魏置，北周废，故治在今湖北郧西县北。南朝宋置，唐省，故治在今安徽霍山县北。宋置开化场，寻升为县，明清皆属浙江衢州县府，民国初属浙江金华道。

如此，北魏所置开化县在湖北郧西县北，南朝刘宋所置开化县在安徽霍山县北，宋朝所置开化场在浙江衢州府，区别即非常清楚。

关于目录及校勘部分尚有部分例证，尤其是新点校古籍，重新排版后常见手民之误，若不谨慎校勘，轻易偏信，容易致误，限于约稿数字限制，本文不再赘述。俟来日有机会再另文说明之。

---

[1] 顾祖禹：《读史方舆纪要》，北京：中华书局，1955年，第3406、1211、3920页。

四、结语

语云:"史无定法。"学术研究虽然有一定的学术规范,但如何运用存之一心。不过最重要的是正确理解史料的意义,给以适当合宜的解释才是王道。若对史料不理解,而妄言该研究有何重大的创见,仍是空言。此为个人对治学方法之浅见:首重正确理解史料。

台湾有关东方朔研究综述

台湾出版及刊登的东方朔研究相关论著，目前收集到的有专著4部、论文14篇、学位论文1篇。本文择其学性较强者，分别就"生平及其人格"、"作品及其影响"、"附论及东方朔作品"、学位论文四方面，进行述评。本文指出台湾有关东方朔研究，以文学专业者为主，史学界尚未见有人撰文论述。20世纪90年代以前的研究，偏向采用传统治学方法。20世纪90年代后的研究，在写作方法、学术规范，以及材料的扩张上，均有很大的不同，同时也运用国外的学术理论，因此内容较前人为充实。

一、前言

台湾出版及刊登的东方朔研究相关论著，笔者目前收集到的有专著4部、论文14篇、学位论文1篇[1]。

4部专著均为大陆文学家刘凤海所撰历史小说类,本文不拟介绍。14篇论文,大略可分成3类:1.东方朔生平及人格。2.东方朔作品及其影响。3.其他。第3类中多数为附论及附录东方朔作品,本文视其内容略加以介绍。学位论文1篇为《东方朔研究》。另有研究《史记·滑稽列传》学位论文1篇[2],其论述非以东方朔为主,亦不论。李曰刚《中国辞赋流变史》[3]、李道显《中国文学发展探源》[4]两本通论性文学史著作,均对东方朔做了简短的介绍。

本文就东方朔研究的14篇论文及1篇学位论文,进行综合评述。

---

[1]详见本文附录一《台湾东方朔研究论著目录》。
[2]林冠娴:《〈史记·滑稽列传〉研究》,玄奘大学中国语文学系硕士论文,柯金虎指导,2012年毕业。
[3]李曰刚:《中国辞赋流变史》,台北:台湾编译馆,1997年。
[4]李道显:《中国文学发展探源》,台北:文史哲出版社,1981年。

二、台湾东方朔研究综述

(一) 生平及人格

施之勉《读史记会注考证札记——东方朔姓金氏》，引《论衡·道虚篇》所载，指出东方朔姓金氏，字曼倩。变易姓名，游宦汉朝。

陈弘治《东方朔评传》，全文分为 10 节：神话传说的生平、高自称誉的个性、出奇制胜的登龙术、诡谲无端的智慧、滑稽诙谐的谈吐、直言切谏的胆识、以仕为隐的人生观、作品风格及其对后世的影响、关于《十洲记》、关于《神异经》。主要依据《东方朔别传》《汉书·东方朔传》《史记·滑稽列传》《太平广记》引《殷芸小说》，以及《尚书故实》《幽明录》《四库提要》等材料。全文有较深入分析者为东方朔作品风格及其对后世的影响、关于《十洲记》、关于《神异经》三节。

陈火生《读汉书〈东方朔传〉谈东方朔》，为读后杂感，值得注意的是，作者指出，东方朔"舍正道而弗由"，以滑稽的特异方式推销自己，是一种不得已的干预手段。

魏子云《汉赋名家——东方朔》一文,就全文而言,仅为东方朔传记,至于东方朔在赋学上的成就则尚未论及,并有一段严重误解史料叙述,其云:

> 他初到长安京城,呈给皇帝的意见书,多得要用公交车装载,有三千件奏牍。在汉朝,书写文件用的是竹简,一件最少是一卷,甚而许多卷,试想三千卷,可是够多了。所以把它送上公交车装卸。

按:《史记》褚少孙所补原文为:

> 朔初入长安,至公车上书,凡用三千奏牍。公车令两人共持举其书,仅然能胜之。

张守节《正义》:"《百官表》云:'卫尉属官有公车司马。'《汉仪注》云:'公车司马掌殿司马门,夜徼宫,天下上事及阙下,凡所征召皆总领之。秩六百石。'"两相对照,可以发现,魏子云对"凡用三千奏牍"及"公车"的文义有所误解。"凡用三千奏牍",指东方朔上书系用三千枚简牍写成,而非"三千卷";"公车"则是"公车司马"的简称,而非"用公交车装载"或"公交车装卸"。

朴月《读历史看自己——诙谐幽默的东方朔》,是写给青少年读的通俗性文章,内容简短。

杨芮芳《东方朔之人格与作品风格蠡探》,先分析东方朔人格,再探究其作品风格。从以仁义为怀、以朝隐安身、以滑稽避祸、以固执进谏四个方面,论述东方朔的人格。本文未见有突破前人见解之处。

方介《东方朔与扬雄——传统知识分子"朝隐"的两种典型》,是一篇较为深入研究的论文。全文除前言、结论外,分别以"见待如倡的狂者——东方朔的生存困境与朝隐形态""滑稽之雄——扬雄对东方朔'朝隐'的评价""草《玄》美新的狷者——扬雄的生存困境与朝隐形态""后世的同情与共鸣",进行论述。作者指出:扬雄与东方朔都是专制帝王统治下,位卑不遇的文人。东方朔诙谐滑稽,以狂者之姿纵横于汉武盛世朝堂之上,傲弄公卿,戏谑天子,虽有用世之心,一再伺机进谏,却见待如倡，无法得到重用。扬雄沉静寡言，以狷者之姿，仕于汉成帝以下之衰世，不预政争，埋首著述，却被迫投阁、美新，成为笑柄。他们都遇上了难以摆脱的困境，而不免"降志辱身"，受到轻视或讥嘲，但，终究保全了性命，也成就了盛名，使"道"得以彰显于言行、著述中。因此后人也往往寄予同情、共鸣，而把他们视为"朝隐"的典范，有所取法。本文特别指出，身处衰世的扬雄，对于出处进退的思考，已与盛世的东方朔不尽相同，而他在《法言》中对东方朔"朝隐"问题的评论，反映了二人思想、言行与人生形态的差异。

(二) 作品及其影响

马泰来《陆贾南越行记与东方朔林邑记——传本南方草木状辨伪举隅》，指出东方朔《林邑记》为传本《南方草木状》作者所伪托。

陈素素《从篇章句法论东方朔〈答客难〉修辞特色》，从谋篇、安章、宅句三方面进行分析，指出谋篇特色为：设客难己、托古慰志。安章特色为：第一章为两设问所形成之"递减关系"。第二章在用解证关系驳斥问难。第二章充分体现"疏而有辨"之特色。"疏而有辨",固足驳客,然深入以探,乃失志之余,寄情于理,无奈之作,颇符此类文体之本质:"发愤以表志。"宅句特色:东方朔答难之道,除承续宋玉着眼于"主观条件"外,又别从"客观际遇""托古慰志"。东方朔身处汉武帝大一统专权之世,士难显达,于是历引圣贤经典,一则以"道"自胜,所谓"身挫凭乎道胜,时屯寄乎情泰";一则婉转进谏,冀人主之能悟,诚如刘勰所谓"渊岳其心"。而所以体现"渊岳其心"者,"疏而有辨"也,"鳞凤其采"也,此二项在宅句部分尤能证明。

陈姿蓉《〈答客难〉与〈非有先生论〉的用韵考察》,旨在考察《答客难》为何在不同版本上,出现一有韵一无韵的差别,以及《非有先生论》用韵现象,并进而讨论《答客难》与《非有先生论》文体归属的问题。作者指出《答客难》与《非有先生论》的早期作品原貌,应是自然合韵居多,这是为了口语诵读的需要。后来作品经过不断增润修饰,文意的深度加以补强,字句整炼,用典增多,押韵繁密,因而作品的原貌渐失。至于《答客难》与《非有先生论》的不断"改定"期，是自东方朔完成作品后，到东汉班固《汉书》收录这段时间，褚少孙、刘向、扬雄、班固都有可能是参与改定者，所以才会出现《史记·答客难》和《汉书·答客难》一无韵一有韵的差别。至于《非有先生论》的用韵情形，介于《史记·答客难》和《汉书·答客难》之间而近于前者的用韵状况，基本上它是不押韵的但又有用韵的倾向，这可能是后人改定时，不知不觉加入用韵习惯使然。后人所见的《答客难》用韵与否，因受版本影响而可能会有不同面貌，至于《非有先生论》，则是由无韵趋近有韵。因此，在文体归属上，《答客难》与《非有先生论》的原貌，原应都属于无韵的"散文"。若采严格的用韵标准划分，以今日所见的《答客难》与《非有先生论》，是一有韵一无韵。倘若标准宽些，《非有先生论》的合韵绵密，也可算是一种用韵形式。至于《答客难》以后代文体界定标准看，将其视为"赋"体未尝不可。但依《史记·答客难》的面貌推论，东方朔写作《答客难》时，应该没有刻意用韵，也就是说他当时不是在写"赋"，或许有用一点"赋"的写作方式来创作《答客难》(以虚拟设论方式),但并不完全(没有刻意用韵),其作品的用韵是后加的,所以《答客难》如今虽可视之为"赋",却不是东方朔原创作的韵文,若据以整理归纳东方朔的用韵范例,以及其时的用韵特色,或其方音习惯等,则是相当大胆而危险的。

杨芮芳《东方朔之人格与作品风格蠡探》一文后半部分析东方朔作品风格特色,指出有文辞不逊、高自称誉;语气刚直、情意真切;善用修辞、形象生动;体制多元、有所开创等四项。作者撰写本文时尚为博士生,因此和前述二文相较,较为平实,正如文末所附推荐意见所言,"有再更深论之某些空间"。

三、附论东方朔作品

此类论文,均为论述某种文体时,附论东方朔作品。笔者所见有4篇,略述如下。

吴晓菁《"进学解"与解嘲文学》,旨在通过对"解嘲文学"的分析,重新理解汉唐之际的知识分子如何调适

"才不称位"的心理压力感。文中认为解嘲文学的孕育,应根据东方朔和扬雄的写作动机,进行回顾。

游适宏《"七":一个文类的考察》,就"七"这个古代文类进行共时性(synchronic)与历时性(diachronic)的考察。因标名为"七"的作品都具有"虚设主客、问对凡七、始异终契、腴辞云构"四项特征。文中第三节,"七"与"对/设论"的区别中,以东方朔《答客难》、扬雄《解嘲》、班固《答宾戏》为例,观察"对问/设论"的模式。

欧天发《不以赋为题名之赋体形态举述》,以题名中无"赋"字的篇什,用以概括赋的多种面貌。举出有:劝谏微言、隐语与射覆、虚拟与寓言、名物铺陈、问答与论辩、谐谑与自嘲、故事演唱、名言与日用韵诵体(哲理名言、规章训辞、咒愿吉辞)、小说戏曲中描绘表态用的赋体。在隐语与射覆、虚拟与寓言二目中,将东方朔的作品作为例证之一。

陈成文《汉唐"答客难"系列作品之依仿与拓新》,对汉唐答客难系列作品进行考察。指出"答客难"作品的渊源，除宋玉《对楚王问》外，亦应受《楚辞》《卜居》《渔父》的影响。东方朔《答客难》、扬雄《解嘲》问世后，汉魏仿作者有班固《答宾戏》、崔骃《达旨》、张衡《应间》、崔寔《答讥》、蔡邕《释诲》、陈琳《应讥》、夏侯湛《抵疑》、郭璞《答傲》等。班固《答宾戏》歌颂王朝清明，驳斥《答客难》《解嘲》"时异事异"的论调，阐明君子应于不遇时执守正道，不须徒慕荣华利禄；崔骃《达旨》、崔寔《答讥》陈明君子应审时度势，反讽士人干禄求用的丑态；张衡《应间》直陈功名得之在天，求之无益，申言守道自适之素志；蔡邕《释诲》以恬淡自守自励，表达避世无为的愿望，其内容要皆排难解惑，以求安身立命。魏晋以降，陈琳《应讥》摆脱汉代以来出处进退的思考，主张乱世用兵，为"答客难"系列作品注入新的思想内涵。夏侯湛《抵疑》吐露沉郁下僚之牢骚，表达安贫乐道的志节，与蔡邕《释诲》旨意相同；郭璞《客傲》回归汉代东方朔《答客难》、扬雄《解嘲》的书写传统，寄寓"才高位卑"之孤高，设客难己以发抒不平，用典繁密，巧用比喻。唐代韩愈《进学解》为汉魏以来"答客难"系列作品的翘楚。柳宗元《起废答》《答问》虽亦为借"答客难"体式抒怀,唯其文学成就终不如韩愈。

四、学位论文

徐彩琪硕士论文《东方朔研究》,是全面研究东方朔的著作。全文六章:第一章绪论,分两节:研究动机与文献回顾、研究方法与篇章结构。第二章东方朔传略,包含生平事迹、作品年谱、东方朔所面对的帝王君臣互动,并略及当时的社会背景与文学环境。第三章诙谐滑稽的俳优特质,分为同俳优——从"优"说起、《史记》与《汉书》有关优者的记载、东方朔的俳优人格特质三节,分析东方朔的人格特征。第四章作品分析及语言艺术成就。首节作品分析,将东方朔作品分为政论文(《谏起上林苑疏》《化民有道论》)、诗、词、颂、铭作品(《嗟伯夷》《诫子诗》《旱颂》《宝瓮铭》)、赋体杂文(《非有先生论》)、骚体赋(《七谏》)四类,进行分析。次节东方朔的语言艺术,指出有"谐""隐""讽喻"等特色。第三节后人仿作——解嘲文学,论述从《答客难》到韩愈《进学解》间有关"解嘲文学"的发展过程。第五章正史和小说中的东方朔形象,指出汉代以后的小说描写到东方朔的,有《汉武故事》《汉武内传》《东方朔传》《神仙传》《汉武洞冥记》等。文中特别就《东方朔传》进行分析,认为东方朔被传闻化和幻化成仙人形象。又论述小说对正史的渲染与扩张。以正史和小说所载东方朔形象,进行比较探讨,指出小说对正史的夸张渲染情形。第六章结论,从史学上的东方朔与文学上的东方朔两方面,作总结比较。

五、结论

根据以上综述评析,可知在台湾有关东方朔的研究,作者以文学专业者为主,史学界尚未见有人撰文论述,此可能与传世东方朔史料以文学作品居多有关。20世纪90年代以前的研究,偏向传统治学方法,虽有附注但甚简单,同时使用的史料也有限。90年代后的研究,在写作方法、学术规范,以及材料的扩张上,均有很大的不同,同时也关注到国外的学术理论,因此内容较前人充实可观。

　　囿于传世文献不足,东方朔研究所能依据材料有限,虽有跨时代断限的整合研究,或是文体上的综合分析,但目前看来,除非有新史料出土,东方朔研究恐难再有更大的发展与突破。

　　后记:本文为2015年5月8—10日前往山东德州参加2015年首届东方朔文化国际学术论坛所发表的论文。

【附录一】台湾东方朔研究论著目录
一、专著

作者	书名	出版地点	出版者	页数	出版时间
刘凤海	滑稽大师:东方朔	台北	林郁文化出版社	300	1994
刘凤海	东方朔传奇:一代奇才,滑稽大师东方朔	台北	新潮出版社	300	2003
刘凤海	滑稽大师:东方朔	台北	新潮出版社	300	2007
刘凤海	东方朔与汉武帝	台北	新潮出版社	300	2010

二、期刊论文

作者	篇名	期刊名	卷期	页次	出版时间
施之勉	读史记会注考证札记——东方朔姓金氏	大陆杂志	36：5	29	1968.3
马泰来	陆贾南越行记与东方朔林邑记——传本南方草木状辨伪举隅	大陆杂志	38：1	20—22	1969.1
陈弘治	东方朔评传	国文学报	6	119—128	1977.6
陈火生	读汉书《东方朔传》谈东方朔	东方杂志	17：2	74—75	1983.8
游适宏	"七"：一个文类的考察	台湾编译馆馆刊	27：2	205—220	1998.12
吴晓菁	"进学解"与解嘲文学	台北科技大学学报	32：1	583—610	1999.3
欧天发	不以赋为题名之赋体形态举述	嘉南学报	29	464—480	2003.12
朴月	读历史看自己——诙谐幽默的东方朔	小作家月刊	140	74—79	2005.12
方介	东方朔与扬雄——传统知识分子"朝隐"的两种典型	台大中文学报	27	33—35，37—70	2007.12
杨芮芳	东方朔之人格与作品风格蠡探	东方人文学志	6：4	61—78	2007.12

三、文集随笔

作者	篇名	书名	出版者	页次	出版时间
魏子云	汉赋名家——东方朔	中国文学讲话(四)两汉文学	巨流图书公司	331—337	1984.9
陈姿蓉	《答客难》与《非有先生论》的用韵考察	第三届国际辞赋学学术研讨会论文集	台湾政治大学文学院	961—986	1996.12
陈素素	从篇章句法论东方朔《答客难》修辞特色	先秦两汉学术研讨会论文集	东吴大学中国文学系	37—70	2004.10
陈成文	汉唐"答客难"系列作品之依仿与拓新	第五届汉代文学与思想学术研讨会论文集	台湾政治大学中国文学系	81—119	2005.12

四、学位论文

研究生	论文名称	毕业学校系所	指导教授
徐彩琪	东方朔研究	逢甲大学中国文学系硕士班（2005.6）	简宗梧

【附录二】2015年首届东方朔文化国际学术论坛发表论文

作者	篇名
孟祥才	东方朔政治思想简论
王子今	论东方朔言"海上""仙人"事
王子今	东方朔"跛猫""捕鼠"说的意义
卜宪群	东方朔仕进小考
李振宏	倡优畜之：从东方朔之身份看钱穆的"士人政府"说
宋艳萍	东方朔历任官职小考
李炳泉	汉代"待诏"性质小议——说东方朔三任"待诏"
王文涛	东方朔二事说
孙闻博	长安上书：东方朔的学习经历及其出身
徐卫民	东方朔双面人格形成原因探讨
［韩］申东城	汉武帝时期"文学随从"及其文学活动——以东方朔《答客难》为中心
沈　刚	武帝政制与东方朔的仕途
张小锋	东方朔行事与汉武帝用人
臧知非	政治转型与东方朔的仕而不遇
王绍东	从《答客难》看战国与汉武帝时期君王的求贤与士人的不遇

续表

作者	篇名
马 晶	论东方朔之不遇
马梦瑜	东方朔从潜人才到显人才的转化
王彦辉	东方朔的"宦皇帝"与"朝隐"
曾 晶	金马门与"朝隐"象征
宋 超	试析《史记》《汉书》记载东方朔事迹之异同
赵国华	褚少孙与《东方朔传》
史党社	河济之间——东方朔的地域文化背景
吕宗力	东方朔与汉朝的神秘文化
安子毓	庄与谐——东方朔事迹的起源与流变
蒋 波	论东方朔形象的道教化
温乐平	从倡优到官员：东方朔的社会意识
吴小强	试析东方朔的核心价值观
郑先兴	论东方朔的文化价值
刘 敏	东方朔的贡献与价值
薛瑞泽	东方朔文化对后世的影响
陈文豪	台湾东方朔研究综述
赵 凯	韩国古代文献所见东方朔资料辑略
高 凯 西振岩	从东方朔看汉武帝时期儒家的地位

《国外研究中国问题书目索引》评介

书　　名：《国外研究中国问题书目索引》

作　　者：北京图书馆、中国社会科学院情报研究所

出 版 者：书目文献出版社

出版时间：1981年

《国外研究中国问题书目索引》(以下简称《索引》),系由北京图书馆与中国社会科学院情报研究所合作,就外文书刊中有关中国研究的重要论文及书籍加以选录编成。全书分为两部分:论文方面:选录1977—1978年两年间,英、法、德、日、俄5种语言319种期刊的论文题录共4081条;书籍方面,就1974—1978年间所收藏的英、法、德、日、俄五种语言的有关书目1903条予以刊录。根据出版说明,《索引》将每年出版一次,把1979年以后的部分陆续出版,但迄今已二十余年未曾得见,是否如是言,

不敢妄下断语。

《索引》虽已出版多年,因为客观环境的限制,于1990年初方得一览。书中所介绍的国外研究中国问题的一些重要成果,在今日仍可供吾人参考,但在编辑上也有一些值得商榷之处,乃不揣浅陋,加以简介。

《索引》所选录的研究中国问题的论文集及书籍,均以社会科学为主,具有下列优点:

一、每一条目上,皆附中文译文,使吾人不必精通各种语言,即可轻易地了解英、法、德、日、俄五国研究中国问题的成果及概况。

二、选录一部分俄文数据,在与俄国信息交流完全隔绝的时代,使吾人对俄国研究中国问题的情形,有了初步的认识。

至于书中有待商榷之处为:

一、页33,"The Chiang Barbarians and the Empire of Han: A Study in Frontier Policy. Part Ⅰ: The Establishment of Chinese Authority."译为:《羌族和汉朝统治:对汉征北前线政策的研究》;在页154,"The Chiang Barbarians and the Empire of Han : A Study in Frontier Policy. Part Ⅱ: Frontier War and the Great Rebellions, 50-150 A.D",译作:《羌蛮和汉朝的皇帝——研究前线的政策》,第二部分,前线的战争和大叛乱,公元50—150。这两条目,反映出两个现象:

(一)前后译文不一,这种情形,除上述条目外,在全书中例子尚甚多,如页一,"Book Review :'Hsun Yueh (A.D. 148‐209): The Life and Reflections of an Early Medieval Confucian'"译为:《评〈荀悦:一个中世早期儒家学者的一生与形象〉》;在页106,则译成:《一位中世纪儒家学者的一生与见解》;页38,"Book Review :'The Last Emperor'"译为:《评〈最后一个皇帝〉》;页293,"The Last Emperor",则译作:《末代皇帝》。

(二)译文不符原意及其史实:按该二条目,可知系研究羌族与汉朝关系及御羌策略的两篇文章。前述之"对汉征北前线政策的研究""羌蛮和汉朝的皇帝"译文,均不甚妥当,显然曲解了原意。按,羌是汉代中国西北的一个民族,因此"A Study in Frontier Policy",不能意译为

"对汉征北前线政策的研究"。而"the Empire of Han"是"汉皇朝"或"汉帝国",更不是"汉朝的皇帝"。

二、页98,文化教育类,山田胜芳,《漢代の算について》〔41〕No.38 1977.11.P.133条,也是颇值得讨论:

(一)〔41〕No.38,查书后附录,本期选用期刊代号表,日文类,知系《東洋學》第三十八号。《東洋學》在撰文期间未曾寓目,经委请友人在日本代为查阅,得知在《東洋學》第三十八号中,共有藤川正数《荀子標示について》、加藤国安《杜甫と書について——七言古律詩成立に關連して——》、熊本崇《倉法考——その施行の意義變遷——》、市来津由彦《程伊川實踐論の論理形成——"遺書"入關語錄を中心として——》、地浓胜利《南宋代の江南西路產米の市場流通について》、矶部彰《"元本西遊記"にすける孫行者の形成——猴行者から孫行者へ——》等六篇论文,并无山田胜芳之文,但在《東北大學教養部紀要》第二十八号,有山田胜芳的《漢代の算と役》一文,不知是否将此文误为《漢代と算について》。又加藤国安文,在《索引》页94,亦误作《杜甫の七言古律詩について》。

（二）山田胜芳《漢代の算について》，《索引》将之列在文化教育页，编者显然是把"算"，视作"算法"或"算术"解以致之。按："算"在汉代是一个专有名词，通常指"算赋"，亦可视作征收赋税的一个单位。如《汉书·景帝纪》"訾算"，服虔注曰："訾，万钱；算，百二十七。"《食货志》："异时算轺车贾人之缗钱皆有差，请算如故。诸贾人……率缗钱二千而算一。诸作有租及铸，率缗钱四千算一。非吏比者、三老、北边骑士，轺车一算；商人轺车二算；船五丈以上一算。"

三、页87，《前漢武帝代の酷吏張湯について》，译作《前汉武帝时代的暴虐官吏张汤》。按"酷吏"与"循吏"相对称，为中国史上常见的名词，在二十五史中，计有《史记》《汉书》《后汉书》《魏书》《北齐书》《北史》《隋书》《旧唐书》《新唐书》及《金史》等十部史书有"酷吏"传，因此似不必将"酷吏"译成"暴虐官吏"，而反失其真。

以上所论，系就个人较为熟悉的部分加以探讨，同时也仅限于英、日部分，至于德、法、俄等三种语文，由于不熟谙，因之不敢置喙。但经过了上述分析，可知《索引》一书，非一人独力完成，系由众人合编而成，故才有译文前后矛盾的现象出现，同时编者可能不是受过史学专业训练的人员。

编辑工具书，向来就很难求其完善，尤其是成于众人之手的工具书更是难上加难，因此纵有小疵亦不必过分苛责。《索引》一书，提供吾人了解英、法、德、日、俄五国研究中国问题的概况，开拓了学术研究的视野，虽有小缺点，仍居功甚伟，编者所费的心力，亦不容抹杀。

《秦史研究论著目录》评介

书　　名：《秦史研究论著目录》

作　　者：田　静

出 版 者：陕西人民教育出版社

出版时间：1999 年

由于秦立国僻处西陲，在文化的发展上，较东方各国迟滞，再益以统一后国祚短促，以致史料散佚，故以往研究秦史及秦文化的学者，普遍都有一个共识，即苦于资料短缺。但这一现象在 20 世纪 70 年代以后逐渐改变，主要是秦始皇兵马俑、秦简等大量考古发掘成果的面世，提供了更宽广的思考空间，开阔了研究的视野，其中引人瞩目者首推秦始皇兵马俑及睡虎地秦简，[1]所以有众多的研究成果出现。

这些研究成果，散见各地出版专著及各种期刊，在查考引用上颇为不便，因此必须仰赖工具书提供指引。至于与秦史及秦文化研究有关的工具书，有专题性的，如《睡虎地秦简文献类目》；[2]有通史性的，如《战国秦汉史论文索引》[3]《战国秦汉史论著索引续编》[4]；有区域性的，如《陕西考古学文献目录（1980—1983年）》[5]等，这些工具书受限于不同的体制旨趣，在运用上仍有其局限性。

---

[1] 20世纪出土秦简，尚有青川木牍、龙岗秦简、岳山秦简、杨家山秦简、周家台秦简、王家台秦简、放马滩秦简等，研究成果较睡虎地秦简少。本世纪秦简出土更多，如里耶秦简、岳麓书院藏秦简、北大藏秦简等，唯此等皆在《秦史研究论著目录》一书出版之后。
[2] 吴福助：《睡虎地秦简文献类目》，载《中华文化学报》创刊号，第225—292页。
[3] 张传玺、胡志宏、陈柯云、刘华祝：《战国秦汉史论文索引》，北京：北京大学出版社，1983年。
[4] 张传玺：《战国秦汉史论著索引续编》，北京：北京大学出版社，1992年。
[5] 禚振西、桑绍华：《陕西考古学文献目录（1980—1983年）》，西安：陕西省考古学会、陕西省考古研究所，1984年。

1999年8月笔者赴陕西临潼参加秦始皇兵马俑博物馆主办的"秦俑学第五届学术讨论会",见大会赠书中,有田静女士所编《秦史研究论著目录》一书,颇为欣喜,并在随后的旅途中加以披览。读后个人有些看法,特于此提出与田静女士及读者讨论。

一、本书的优点

(一) 分类灵活

本书共分成"专著"及"论文"两部分,专著部分分为11大类,第十一类"考古与文物"再分成:"考古、文物综述""简牍、帛书""玺印、文字""秦陵、秦俑"4个小类;论文部分分为18大类,除"通论""军事""民族""诸子、学术""楚汉战争和农民起义""中外关系""科学技术""宗教""历史文献"等9类外,其余各类均有小类的划分。有些小类,例如:"经济和财政"类中的"农业",再分成"土地制度和农业政策""水利、河渠""畜牧业、林业、渔业"等三个细目;而"考古与文物"的分类更细,该类不仅分成6个小类,在某些小类下有细目，细目下再分项，例如：第五个小类"简牍"，先分成16个细目；在"经济"细目下又分"经济概述""农牧业""土地制度""赋役"等四项；"地理"细目则分为"地理概述"及"交通、邮传"两项。又某些大类，例如："人物传记"类在"专著"中并不分细目，但在"论文"却分成9个小类。同时有些大类，例如："语言、文学"类，仅见诸"论文"部分。显然，编者系依实际材料的多寡而进行分类，充分展现分类的灵活。

（二）类名恰当

本书分为上、下两篇，上篇称之为"专著"，下篇称之曰"论文"。在类名的称呼上非常妥当。一般工具书及学术著作所收录的"参考书目"的分类往往将书籍部分称为"专书"或"书籍之部"，而"专著"一词，既说明该书是书籍，又表明是学术著作，概括面较广。论文方面，一般多称之为"期刊论文"，但论文除期刊论文外，尚有个人文集中所收的论文、学术会议论文、报纸论文等，以"论文"称之可以包含全部。因此本书"专著""论文"的类名，应可以为今后中文学术界统一使用。

(三) 集大成的工具书

本书所收论著内容，上限起自秦人的传说时代，下迄公元前 206 年秦亡；所收目录的范围为 1990 年至 1999 年 4 月，并兼收 5、6 月资料。编者征引参考的相关目录高达 34 种，几乎已将当时所见有关书籍及资料全面加以重新汇编。因此本书是目前所知秦史及秦文化研究目录中，研究类目较详备的一本集大成之作，为研究秦史、秦文化及秦汉史学者们案头应备的参考工具书。

二、待商榷之处

本书虽具上述诸多优点，唯不容否认仍和一般工具书一样，有一些值得商榷的地方。兹从体例、讹误、缺漏三方面论之。

(一) 关于体例的问题

1. 有关"说明"的问题

任何工具书，为使读者明了编辑体例及使用方法，因此在书前一般都会有"凡例"。本书虽亦有此目，但编者却称之为"说明"，与一般的称法不同，或可考虑从俗。

又其第一条称本书所收的论著"上限起自秦人的传说时代",时限模糊不清,"秦人的传说时代"一词,具体的时间为何时并未明确指出。同时第三条云:"本目录所录文献,以公开发行的报刊为主,兼收部分论文集、辑刊等数据。部分内部数据也择要选入。"似乎将"文献"定义为"论文",不仅与"文献"一词的原始定义不同,也与本书的体例不符,因本书所收内容除"论文"外,尚包括"专著"。"凡例"的写作,措辞务求严谨周密,本书"说明"应考虑重加增补改写。

2. 分类不严谨

例如:在页14,蒋若是撰《秦汉钱币研究》及蒋氏所编《中国钱币大辞典·秦汉卷》等二本专著列在第三大类"经济"中;页41,王名元著《先秦货币史》及页43,钱剑夫著《秦汉货币史稿》则收在第十一大类"考古与文物"中的第一小类"考古、文物综述"。同样是有关货币史的著作,却分属二类,分类的标准为何?在"说明"中并未述及。同时钱著虽征引部分考古资料,但全书论述所据仍以文献为主,列在"考古与文物"中显然不当。倒是蒋若是长期从事考古工作，[1]《秦汉钱币研究》一书为其研究秦汉钱币论文的结集，多数是据考古所得材料进行撰写的，或可考虑列入"考古与文物"类中。

又页8，田昌五、臧知非合著《周秦社会结构研究》，为研究社会结构的巨著，却收在"历史概述"类中，于第四类"社会"中则未见。类此尚多，兹不再赘举。

3. 外文论著宜另立一类或删除

编者在"说明"中云："译著和译文，先列原著作，后列译者。"唯并未指出是否收入外文相关论著。查在"专著"及"论文"部分，均见收录少部分外文论著，其中以日文者居多，兹各举二例说明之。例如：

> 页10　秦汉法制史的研究　大庭修　创文社1982

---

[1]《秦汉钱币研究》云："蒋若是先生是我国老一代的考古学家，早在50年代主持洛阳烧沟汉墓的发掘，就提出了汉代五铢钱分期断代标准。如今这个标准已为考古界和钱币界所接受，甚至成为考古发掘中对墓葬断代的标尺。蒋先生自50年代以来，一直孜孜不倦地对秦汉钱币进行更加深入的研究，本书就是这些研究成果的结集。"

年出版[1]

页28 秦汉思想研究文献目录 坂田祥伸 台北木铎出版社1981年出版[2]

页575 战国秦汉简牍文字的变迁 江村治树《东方学报》(京都)55册,1981年出版[3]

页579 关于睡虎地秦简《日书》中病因论和鬼神的关系 工藤元男 《东方学》88期,1994年出版[4]

将这些日文论著加以收录,固可提供吾人参考,但编者既未于"说明"说明是否欲收录外文原著,且所收录者仅是彼邦研究论著一小部分,并非全豹,不如另立一类,或将之删除,暂不收录,俟来日得暇再另编一本《外文秦史研究论著目录》,当更适宜。

---

[1] 该书名原文为,《秦汉法制史の研究》。
[2] 作者应为坂出祥伸,该书由关西大学于1978年出版。
[3] 该文原题为:《戰國‧秦漢簡牘文字の變遷》;55册,应作53册。
[4] 该文原题为:《睡虎地秦簡"日書"における病因論と鬼神關係について》。

4. 关于"互见法"的问题

"互见法"是编辑工具书常用的法则,即将同一条目分别编入不同类,以避免缺漏或分类不当。本书也有部分条目采用此法。例如:

页191及565,各有三则与《尉缭子》有关条目,分别是:

银雀山简本《尉缭子》释文(附校注) 银雀山汉墓竹简整理小组 《文物》1977年2期

《尉缭子》初探 何法周 《文物》1977年2期

银雀山简本《尉缭子》释文(附校注) 银雀山汉墓竹简整理小组 《文物》1977年3期

可是有关《尉缭子》的条目,除此三则分列在"军事"及"简牍"类中的"军事"类外,如果要翻检《尉缭子》的研究成果,只能在"军事"类中找,"人物"类中并未收录。可见采用"互见法"的标准不一。

5. 分类不够详密

本书在分类上虽有灵活的优点，但相对地也呈现若干不够详密的缺失。例如：在"论文"部分的第十五类"人物传记"中，分成"合传""秦始皇""商鞅与《商君书》""韩非与《韩非子》""吕不韦与《吕氏春秋》""李斯""徐福""项羽""其他人物"九小类，纲举目张，颇便学者翻检。可是在"专著"部分的第八大类"诸子"及第十大类"人物传记"，"论文"部分的第八类"诸子、学术"，却未见有小类或细目的区别。诚如前言，作者可能系依材料的多寡来分类，此类条目较少，故认为可不用再做分类。但作为工具书，应站在读者的立场来考虑，使读者在最短的时间内获得他所要的信息，如今若欲在专著"诸子"类中查阅有关《商君书》研究的著作，必须从第19页翻至第26页，才能全盘了解。反之，欲查有关《韩非子》的研究概况亦然，在时间上甚为不经济。因此进一步的小类或细目的划分，是相当必要的。

（二）讹误

编辑目录工具书，收集相关研究论著非常不容易，且非个人独力所能兼顾，因此必须借助参考他人已编辑完成的相关目录。但如他人抄录错误，或者在编辑出版过程中，校对未精，以致在其书中出现讹误，而再次据以编辑，于焉不察，就会以讹传讹。另外一个造成讹误的原因为手民之误，这是任何一本著作都无法避免的，不能苛责编者。这两类例子在本书亦存在，因一时难以判断这些错误属哪一类，仅综合举数例说明之：

页10　军功爵制研究　朱绍侯　上海人民出版社1980年

按：朱绍侯有关军功爵研究的著作有两本，1980年4月出版者，称《军功爵制试探》。另一本《军功爵制研究》于1990年1月出版，《军功爵制试探》为该书上篇的主要内容。[1]

---

[1]《军功爵制试探》的内容为：一、春秋时期军功爵制的产生；二、战国时期军功爵制的确立；三、秦代二十级军功爵制的演变；四、西汉初期对二十级军功爵制的因袭和改革；五、西汉中晚期军功爵制的轻滥；六、东汉军功爵制的衰亡；结语及后记。收入《军功爵制研究》时，删去后记，将结语改为综论，并加上两篇附录《秦汉非军功赐爵诏令及说明》《关于赐爵制的级别计算问题》，合为上篇。

页10　秦汉封国食邑赐爵表　柳春藩　辽宁人民出版社1984年出版

按：书名应作《秦汉封国食邑赐爵制度》。

页12　中国会计史稿·秦汉时期的会计　郭道扬　中国财政经济出版社1982年出版

按：《秦汉时期的会计》，为《中国会计史稿》一书的第四章，就本书的编辑体例而言，列出《中国会计史稿》即可，再于其下用圆括号夹注：（秦汉时期的会计制度）。会出现此现象，推测系据其他目录抄录所致。

此外，错别字未校出者尚有很多。例如：页40，"千古一帝——秦始皇嬴政"之"嬴"字当作"嬴"为是；页62，"与严归田教授论秦汉君吏制度书"之"君吏"应为"郡吏"；页79"魏启朋"、页87"魏启明"，"朋"、"明"应作"鹏"。凡此不胜枚举，不再赘言。

（三）缺漏

论著的出版与发表，散见各地及各种期刊，收集非易，因此缺漏在所难免。其成因，或为编者未曾寓目者，或为编者一时疏失者，殆均有之。"论文"部分由于数量较多，无法一一详举，于此仅就"专著"或与"专著"有关者，举数例说明之。例如：

马怡、唐宗瑜：《秦汉赋役资料辑录》 山西经济出版社　1990年4月出版

王乃琮、张华、郑振华：《先秦两汉经济思想史》海洋出版社　1991年12月出版

任乃强校注：《华阳国志校补图注》 上海古籍出版社　1987年10月出版

王学理、尚志儒、呼林贵等著：《秦物质文化史》三秦出版社　1994年6月出版

这些书编者可能未曾寓目，将来可在专著《经济》《地理》《文化》等类中补入。

页157，有：

从秦简看秦帝国商品货币关系发展状况　吴荣

曾 《先秦两汉史研究》 中华书局1995年版

但在"专著"中,《先秦两汉史研究》并未见收录。

又《从古铜车马到现代科学技术——陕西省科学技术史学会论文集》[1]中,有四篇与秦史有关论文,分别是:

秦陵出土的铜兵器和铜车马的制造工艺	袁仲一
	程学华
秦俑的造型和焙烧技术初探	刘占成
秦代科技珍闻	王学理
秦始皇陵出土青铜安车的焊接技术	华自圭
	樊培丽

袁仲一、华自圭二文条目,在"目录"页648可查

---

[1] 在"专著"部分,第53页,收录本书,书名为《从古铜车马到现代科学技术》,略去副标题《陕西省科学技术史学会论文集》。在"论文"部分,则将书名《从古铜车马到现代科学技术》省略,只列出副标题《陕西省科学技术史学会论文集》。

到，刘占成文见页600。王学理之文，在页308亦收录，但所收录者，系其刊在《文博》1986年2、3期的增补文，[1]并非上述之文。按：编者于"说明"中指出："凡同一论文多处刊载者，一并收录，以便查阅。"依此原则王氏刊于《陕西省科学技术史学会论文集》者亦应收入，何况既已收录其他三篇，却独未收录王文，此处显系遗漏。

三、对本书的建议

对本书，除上述浅见外，还有一些小小的建议，供编者及关心秦史、秦文化研究者参考。

（一）继续扩大编辑，出版二册、三册

上文论及可再编一本《外文秦史研究论著目录》，如此可作为二册。同时，自汉初起，即有有关秦史评论的

---

[1] 原作"《文博》1988年2、3期"，误。王氏此文原只讨论"十二万斤重的铜人——'销锋铸鐻'""古今中外罕有其匹的汞库——'以水银为百川江河大海'""一种触发性的武器——始皇陵中的'暗弩'""最早的一副山河模型——'上具天文，下具地理'"等四项，后增加"具有特异功能的门——阿房宫的'磁石门'""金属表面的不锈法——'铬盐氧化处理'"及"最早的'永动机'尝试——'相机灌输'"等三项，并在文辞上作修饰增补。

文章言论出现,可考虑将历代文集、随笔、杂著中相关条目编成一册,[1]作为三册[2]。如此便可解决一些编辑体例上的困扰。

(二) 增加索引与编码

工具书系供人查考为主,应以提供最便捷的查考方式为编纂方针,所以大部分的工具书,都附有索引。本书所收条目很多,且又按出版时间排序,欲查同一作者的相关论著,须逐一翻检,颇不便,将来如再版,可考虑增加"作者索引"。此外为方便编辑工作及读者检索,可在每一条目之前给予一个编码。又全书中出版项下出版年月后面的"出版"两字应全部删除。

(三) 将《目录》上网

网络信息和学术研究相结合,已是无法避免的新趋

---

[1] 业师马先醒教授所编《汉史文献类目》(台北:简牍社,1976年),即分成近代期刊论文之部;历代文集、随笔、杂著之部;书籍之部。可供参考。

[2] 历代文集、随笔、杂著之部若能编成,亦可为将来编《秦史研究资料汇编》做准备。张文立:《咏秦诗》(西安:陕西人民教育出版社,1994年),即为数据汇编的编辑提供了很好的范例。

势。因此许多工具书纷纷上网供人查询，例如："中央研究院"历史语言研究所编的《汉画论文目录》、陈丽桂主编《两汉诸子研究论著目录（1912～1996）》。秦始皇兵马俑博物馆有一个网站，其网址为 http://www.bmy.com.cn. 鄙见认为宜将本书上网，提供学术界同行查询，亦可将其他与秦史、秦文化研究有关的信息活动在网上刊登，扩大网站内容，促进学术交流，提升研究风气，如此一举数得矣。

"工欲善其事，必先利其器"，在学术研究的历程中，欲事半功倍，必须善于运用各种辅助工具，工具书即为其一。但是编纂工具书，费时费力，吃力不讨好，故愿花费心血编纂工具书的人并不多。田静女士不辞辛劳，编成本书，提供学界参考，其精神与用心值得钦敬，即使有些微瑕，终究瑕不掩瑜，不应苛求。上述所言，仅是个人阅读本书后的一些浅见，目的在供日后增补时参考。

后记：本文原载《东海大学文学院学报》第四十一卷，2000年7月。撰写期间，蒙吴福助老师提供宝贵意见，获益良多，谨表谢意。

《中国古代陪都史》评介

书　　名：《中国古代陪都史》
作　　者：丁海斌
出 版 者：中国社会科学出版社
出版时间：2012年

在为研究生讲课的过程中，个人尝试过各种不同的方式。2014年上半年在"秦汉史专题研究"课堂上，我希望选课的三位同学能选定一本秦汉城市史研究专著进行阅读，并在课堂上提出问题进行讨论，然后写成书评。在讨论及撰写过程中，个人虽也提出一些看法供同学参考，但尽量以同学的意见为主。例如：周长山《汉代城市研究》第96页引《管子》的一段话，是出自《地数》篇，而非《轻重》篇，在书评文中即未指出。

另外，书评的撰写应以最近出版者为主，这里所选的书均已出版多年，新史料的出土或可能会改写其中的某些观点，以之撰写书评可能已不合时宜，但作为研究生练习之用，仍不失大雅，因此期盼作者、读者鉴谅。

《中国古代陪都史》是丁海斌在一批研究生协助下完成的巨著。全书除"前言"外，尚有十一章，为"中国古代陪都现象概述"及分述先秦至清代陪都的设置概况。从内容上看，该书资料十分丰富，为了解中国古代陪都史提供了详尽素材。

陪都史的研究，以往主要是单篇论文，或就个别朝代进行论述，陪都通史尚无人进行撰述。《中国古代陪都史》是目前所见的唯一一部陪都通史，作者致力于此的精神令人感佩。

但是仔细读后[1]，有许多问题如鲠在喉，不得不择要提出以供作者、读者参考。

---

[1] 个人阅读后，为使学生深入了解一部著作的优劣，在2013年上半年"中国城市史专题研究"课堂中指定学生阅读，并提出意见。参加讨论的学生有蔡佩芬、张骐腾、陈慧玲、宋家洋、田春丽（三峡大学交换学生）。

一、关于陪都理论

一门学科的建立,需看理论建构是否完整。陪都史研究要确定何者为陪都?个人关注陪都史研究多年,相关研究不多,即感到陪都的定义难明确,陪都定义不明确,所做研究往往事倍功半,甚至无意义。《中国古代陪都史》作者也注意到这一问题,在"前言"中赞同拙作《试论中国古代陪都史研究的几个问题》(《白沙历史地理学报》,第3期)的观点,进而说明书中为何要以专章论述中国古代陪都现象的相关概念、特征(原作"特在")、存在原因、类型、功能、历史沿革等,试图建立关于"中国古代陪都现象"的基本概念。除学术界已有的共识外,作者亦提出一些新见解,如"中国古代陪都的基本特征",认为一般具有"地位重要,可与都城并列或仅次""有京都之名""宫殿、皇城、宗庙、皇陵与宏大的城市建筑""政治特征(组织机构)""军事特征""文化特征"等六项(10—12页),并进一步指出"中国古代陪都类型与功能",分别为"东西或南北平衡型——两京制陪都""分区而治与方位设置型——多京制陪都""国防主导型——军镇制陪都""旧都留根型——留都制陪都""祭祀中心型——圣都制陪都""巡幸暂住型——行都制陪都""母子一体型——守望制陪都""实际权力型——'霸府'制陪都""商业中心型——市集制陪都""因疾而终——未就型陪都"（16—27页）。显然"中国古代陪都类型与功能"一节，系以"中国古代陪都的基本特征"敷衍而成，过度扩大陪都范围。

陪都的基础内涵带有浓厚的政治特质。个人对陪都的定义，倾向保守、狭义，不宜过度无限上纲，即为王朝中央政府明订者，如辽、金的多京制，为帝王驻跸及中央行政机构暂栖之地。再回过头看，《中国古代陪都史》认为"凡是能够成为陪都的城市，一般具有如下基本特征（按：指前述六项特征）"（10页），但就作者对"陪都类型与功能"的分析来看，只要符合六个特征之一即为陪都，这似乎是前后矛盾。同时具有某一种功能的城市是否成为陪都，亦值得商榷。例如："因疾而终——未就型陪都"，作者以北周营建洛阳为例，指出"其营建时间较短，还未完工就被废止"（26页）。既然"还未完工就被废止"，何以称得上是陪都？所谓"旧都留根型——留都制陪都"，指迁都后以旧都为陪都，这在明清两代固然属实，但在其他朝代是否如此，特别是在先秦时期，王都具有迁移特征，考古学界对郑州商城及偃师商城的关系，常以别都、辅都来看待，都是值得讨论的。二者的文化层虽有承继的现象，说明一个城市不再成为都城后，仍以其他城市功能存在，并未废弃，如西安现今仍具有大城市的规模，但已不是陪都。多数王朝迁都后是否将旧都城视为陪都？还找不到更坚实的文献证据。以此进一步探讨，"祭祀中心型——圣都制陪都"的说法也有问题，作者认为圣都具有两个方面的含义：（1）圣都是保持较高宗教意义的城市；（2）一般为帝王发迹之地（22页）。这些城市的存在仅有精神象征，已不具备都城的性质，不宜认为是陪都。又"商业中心型——市集制陪都"，以王莽时期的"五都"为例，这是误读史料所致。《汉书·食货志》载："（莽）乃下诏曰：'夫《周礼》有赊、贷，《乐语》有五均，传记各有斡焉。今开赊贷，张五均，设诸斡者，所以齐众庶，抑并兼也。'遂于长安及五都立五均官，更名长安东西市令及洛阳、邯郸、临菑、宛、成都市长，皆为五均司市师。东市称京，西市称畿，洛阳称中，余四都各用东西南北为称，皆置交易丞五人，钱府丞一人。"

周长山曾指出，"五都"之称，初见于《史记·召公世家》，《索隐》注云："五都，即齐也。按临淄是五都之一也。"此时虽有五都之说，但具体指哪些城市，尚未形成共识。西汉时期商品经济继续发展，一些区域大都市在承担中央政府地方统治据点角色的同时，也发挥着作为商品物资流通中心的作用。王莽时期实行统治商业的政策，选定洛阳、邯郸、临淄、宛、成都为"五都"，置五均司市。[1]周长山的看法认为王莽在五都置"五均司市"的主要目的是为实行商业统治政策，意谓"五都"为具有商业性质的城市。

在汉语中"都"除都城的意义外，也有指大城市或重要城市的含义。因此在五个大城市设立"五均司市"掌

---

[1] 周长山：《汉代城市研究》，人民出版社，2001年，第81页。

理商业事宜,和近代地理学中的"中地学说"有暗合之处,而王莽"五都"皆是当时大经济区内的大工商城市,故此"五都"可称之为"商业中心城市",焉能谓之为"市集制陪都"?

二、《中国古代陪都史》是作者在一批研究生协助下完成的著作,因此在方法学上也有一些值得讨论之处

(一)对文献的理解与处理的缺失

这些不妥之处非常多,仅择四例。

1. 第1页注②引用《春秋公羊传》,不用学术界常用的十三经注疏本《春秋公羊传》,而依据今人王维堤、唐书文撰《春秋公羊传译注》(上海古籍出版社,2004年)。在第67页注①中用的又是刘尚慈译注的《春秋公羊传译注》(中华书局,2010年),这些都是通俗读物,并非最佳版本。同样在第7页引用《尚书》,用的也是柴华主编的通俗版本。

2. 第5页注③④引用《山海经》的内容,却分别出自袁珂译注《山海经全译》及沈薇薇译注《山海经译注》,

这些均可统一。

3. 引用正史，除中华书局的标点本外，又见其他版本，如许嘉璐主编《二十四史全译》。中华书局标点本是目前较好的版本，且一般图书馆均有，并不难找，却舍弃不用。

4. 第110页提及汉代中叶后注重思想文化，而说"先后在中央的天禄阁、延阁等处开辟了图书馆，并设置了抄写简牍的官员和整理图书的太常、太史、博士等"。这是对汉代九卿制度的误解，对太常的职务做了过度的简化。

(二) 讹误衍漏字

此方面问题亦非常多，同样举十例说明。

1. 第3页"明代王士性《严志绎》"，应作"明代王士性《广志绎》"。

2. 第81页"西垂夫"，应作"西垂大夫"。

3. 第85页"咸阳北有九崚山"，应作"咸阳北有九嵕山"。

4. 第104页"左据丞谷、二崤之阻"，应作"左据函谷、二崤之阻"。

5. 第129页"西北城隅高耸着冰、铜雀台、金虎台",应作"西北城隅高耸着冰井台、铜雀台、金虎台"。

6. 第134页"杨晨音,《三国会要》",应作"杨晨,《三国会要》"。

7. 第174页引明人陈建《建都论》的一段话,页尾注中却注为"〔唐〕魏徵:《昭代经济言》,卷九"。

按:《昭代经济言》的作者为明代陈子壮,子壮字集生,号秋涛,广东南海县沙贝村人。文中"陈建",应亦误。

8. 第359页注①"〔宋〕苏轼:《栾城集》",应作"〔宋〕苏辙:《栾城集》"。

9. 第360页引李格非论北宋洛阳名园的一段话,在页尾注③,却注"曹法舜等编纂《洛阳名园记》"。按:《洛阳名园记》作者为李格非,此处所谓"曹法舜等编纂",应是重新整理者,非原作者。

10. 第385页《史记》载:"宋国稼穑之民少",注①"〔汉〕司马迁:《史记·汉书·货殖传》卷九十一""第873页"。按:这里出现几个问题,《史记》载"宋国稼穑之民少"应作《汉书》载"宋国稼穑之民少",在《汉书》中这段话是指周室衰微后的现象,并非指宋国;又注中的《史记·货殖列传》为卷一二九,《汉书·货殖传》方为卷九十一,故应作"〔汉〕班固:《汉书·货殖传》卷九十一"。所注页码"第873页"也不对,应为"第3681页"。

三、结论

《中国古代陪都史》作者指出,拙文《试论中国古代陪都史研究的几个问题》曾提及作者另一部著作《清代盛清陪都研究》(中国社会科学出版社,2007年)是"目前所见第一部特别书明'陪都'关键名词的陪都断代研究著作"一语,似乎对作者有很大的鼓舞作用。这句话是笔者受当时所见材料所限的误判,笔者长期从事简帛研究、论著目录及秦汉史研究目录的编辑,深知即使进入网络时代,用尽各种搜寻方法,对数据的搜集仍会有缺漏,无法达到百分之百的完整。《中国古代陪都史》第596页注③为郑水川、陈磊著《大清陪都盛京》,沈阳出版社,2004

年出版，较丁著早用"陪都"作为书名，因此丁著不是"目前所见第一部特别书明'陪都'关键名词的陪都断代研究著作"，在此向所有读者致歉。

《中国古代陪都史》作者丁海斌以大量时间及精力撰写出厚达653页的巨著，精神令人敬佩。但因理论建构有待商榷，加上编稿不彻底，存在非常多的错误，因此此书若说是"中国古代陪都史"，倒不如说是另类的"中国都城史"较为恰当。

简帛目录学刍议
——兼评《甘肃简牍百年论著目录》

本文旨在说明编辑简帛目录的意义及应注意事项；同时对《甘肃简牍百年论著目录》一书提出浅见。

编辑简帛研究目录，辨章学术，考镜源流；提供研究参考检索的渠道，以达事半功倍之效。

编辑简帛目录学应具备：编辑凡例、索引、分类详细、内容应力求精确、内容力求充实、不能据目录或经由关键词搜寻编目录、断限应明确等要素。

一、前言

目录学是中国传统学问之一，向来为学者所重视，故有清一代即有学者大力提倡研究目录学。[1] 盖熟悉目

---

[1] 张舜徽：《中国古代史籍校读法》，载《中国古代史籍举要合刊本》，武汉：华中师范大学出版社，2004年，第256页。

录学，可避免走冤枉路，收事半功倍之效。故各学门或学科均有不少学者投注心力编辑各种论著目录。与简帛同属新史料的敦煌学早已有完整的论著目录出版，而简帛论著目录大部分发表在期刊或论文集上。例如：曹延尊、徐元邦《简牍数据论著目录》《云梦秦简数据、论著目录》；吴福助《睡虎地秦简文献类目》；李静《秦简牍研究论著目录》；李丽梅《马王堆汉墓研究论著简目（1972—1992）》；陈松长《马王堆帛书研究论著目录》；许学仁《尹湾汉简研究文献要目》《长沙子弹库战国楚帛书研究文献要目》等。见于各种专著附录的有：林剑鸣《基本数据目录》；郑有国《中国出土简牍论著目录》；高敏《简牍研究文献目录》；刘信芳《楚帛书序录》；门田明《中国简牍研究文献目录》等。此外一些相关的目录索引，也有简帛研究目录专栏，例如：马先醒《汉史文献类目》；张传玺等《战国秦汉史论文索引（1900—1980）》《战国秦汉史论著索引续编——论文（1981—1990）专著（1900—1990）》《战国秦汉史论著索引三编（1991—2000）；田静《秦史研究论著目录》；徐在国

《战国文字论著目录索引》；骈宇骞、段书安《本世纪以来出土简帛概述》（数据篇、论著目录篇）；骈宇骞《简帛文献概述》等。

近年来，中国社会科学院简帛研究中心主编的《简帛研究》及武汉大学简帛研究中心主编的《简帛》也都重视简帛目录的刊载。《简帛研究》有：《2009年西方学界中国出土文献研究论著简介》《韩国的战国秦汉简帛研究目录（1975—2010.10）》《简帛研究西文论著目录》《日本的中国出土简帛研究论著目录（一）（1910—2001）》《日本的中国出土简帛研究论著目录（二）（1910—2001）》《台湾简帛研究论著目录（2000—2006）》《台湾简帛研究论著目录（2007—2013）》。《简帛》在第四辑刊出《韩国的秦简研究》及《秦简牍研究目录》后，迄今每一辑或多或少均有简帛、简牍研究介绍，其内容和目录相去不远，例如：《2014年秦汉魏晋简牍研究概述》，这些内容繁多，不再一一列举。

此外，甘肃省文物考古研究所、甘肃简牍保护中心编《甘肃简牍百年论著目录》，是一本简牍研究论著目录专著[1]。杨晓华撰写《编写"简帛学百年研究论著目录"的设想》[2]，对编写简帛研究论著目录构想，提出个人看法，凡此对编辑简帛研究论著目录均有重大的贡献。杨晓华在西北师范大学图书馆工作，据闻此课题已获得项目经费补助，正在编辑目录中，令人期待。

为何要编辑简帛研究目录？编辑过程中有哪些值得关注的问题？目前尚未见有系统的论述，故于此提出浅见，同时以《甘肃简牍百年论著目录》为例进行说明，略加评述，敬请同仁批评指正。

二、编辑简帛研究目录的意义

编辑简帛目录学主要的意义，至少有二：

（一）辨章学术，考镜源流

中国传统目录有两种类型。一种为有总序及小序者；一种为单纯列出书目者。前者如《汉书·艺文志》，因此，

---

[1] 甘肃省文物考古研究所、甘肃简牍保护中心:《甘肃简牍百年论著目录》，兰州：甘肃教育出版社，2008年，第228页。
[2] 杨晓华:《编写"简帛学百年研究论著目录"的设想》，载于《光明日报》，2014年4月15日第16版。

班志不仅是目录,也是学术史[1],后者如张之洞《书目答问》,所列虽为书目,但指出何者为善本,隐约中也透露出一些学术发展流程。

简帛研究为19世纪末20世初新兴学问,何以说编辑简帛研究目录亦可辨章学术,考镜源流?个人在讨论如何从"简牍学"发展成为"简帛学"的过程时,即将相关研究做成编年,由编年的顺序进行梳理,终于对"简牍学"发展成为"简帛学"的过程有明确的认识[2],这就是编辑简帛目录发挥辨章学术,考镜源流的功能。

(二)提供研究同行参考检索,以达事半功倍之效

进入网络时代,在网络上检索十分方便,同时又有各种不同数据库,因此似乎不需要再有目录的编辑。其实不然,网络虽然方便,但仍有盲点存在,进行检索不见得能够网罗完备,且容易出错。例如简帛学界出版的各种主要刊物,《简帛研究》《简帛》《出土文献》《出土文献研

---

[1] 李零:《兰台万卷·读〈汉书·艺文志〉》,北京:三联书店,2011年,第2页。
[2] 陈文豪:《简帛学理论建构省思举隅》,《中国出土资料研究》第14号,第86—109页。

究》《出土文献与古文字研究》《古文字研究》《简帛语言文字研究》《出土文献综合研究集刊》《简牍学研究》《楚地简帛思想研究》《楚文化研究论集》《楚学论丛》《出土文献与法律史研究》《中国古代法律文献研究》等，往往都以书代刊，并非全部为数据库纳入，利用计算机检索不一定能够查到。此外，还有一些会议论文集、个人论文集，数据库也难以收集完善，凡此必须仰赖目录的编辑，故目录的编辑能够提供详尽信息，协助同行进行完善研究。

三、编辑简帛研究目录应具备的内涵

（一）应有编辑凡例

目录是提供给广大读者使用的，一个良好的目录应有编辑凡例，使读者一目了然，知晓这个目录要呈现的内涵为何。《甘肃简牍百年论著目录》一书，虽无编辑凡例，但有说明，或可取代编辑凡例，但不如用编辑凡例来得明确。

编辑凡例如何设定？见仁见智，并无一套标准流程，兹以个人所编《台湾简帛研究论著目录（2000—2006）》为例说明之，该目录的编辑凡例为：

1. 本目录收集2000—2006年间在台湾出版之简帛研究相关专书及论文目录，以及部分在香港、澳门出版之简帛研究相关专书及论文目录。

2. 为使纲举目张，呈现学术研究历程，采分年方式编排。

3. 目录分专书及论文两类，论文所收包括期刊、文集随笔（专书论文）。

4. 专书不分类，论文，依通论、楚简、秦简、汉简、走马楼吴简、帛书等项略作分类，同时采互见分类。

5. 专书依作者、书名、出版地点、出版者、页数、出版时间为序，同一出版时间者，以姓氏笔画顺序排列。

6. 论文，依作者、篇名、期刊名（专书名）、卷期（出版者）、页次、出版时间为序，按出版时间先后排列，同一出版时间者，以姓氏笔画顺序排列；无法查明出版时间者，列于本年度之末。期刊卷期有总期数者，在期数后以"＝"连接之。

（二）应附有索引

此处所指应附有索引，系指如《甘肃简牍百年论著目录》等以专书性质出版者，因编辑成专书，卷帙庞大，翻检不易，为方便读者快速检索，在书后至少应有作者人名索引，或再增加收录期（报）刊一览表。《甘肃简牍百年论著目录》一书的编者已注意到此，故书后有人名索引。

（三）分类应详细

分类是编辑目录最棘手的问题，编辑简帛研究目录亦然。

首先，应将专书、期（报）刊论文、论文集论文，分别胪列。

其次，应有通论一类，将研究简帛制度、简帛学术史类论文，归纳于此。

再次，楚简、秦简、汉简、三国吴简、晋简、少数民族简、域外出土简牍、楚帛书、马王堆帛书等为大类，在其下再细分，如楚简大类下，至少应有信阳楚简、长沙仰天湖楚简、包山楚简、郭店楚简、上海博物馆藏战国楚竹书、清华大学藏战国竹书等。又简帛出土，尤其简牍有典籍简及文书简，因此，在每一分类下应将研究同典籍简者归纳在一起，研究行政文书者，则按研究内容再分类。

兹以《睡虎地秦简文献类目》为例说明之，此目录共分三十大类：发掘报告·概论、图版·释文译注、研究史概说、书评·序跋、法制概论、刑事诉讼、刑罚、行政法规、行政管理、经济法规、经济管理、土地制度、农林牧业、工商业、租赋徭役、社会阶级、奴隶制度、隶臣妾、军事、思想、历史、简牍学、文字学、语法、文学、编年记、语书、为吏之道、日书、文献目录[1]。

这个分类较为细腻烦琐，也有可议之处，如"发掘报告·概论"中之"概论"和"研究史概说"难免重复，但可作为编辑简帛研究论著目录参考。

在分类上，为方便读者查阅，还应采取互见法，即同一条目可以在两个或两个以上分类中见诸。

最后，中文及外文研究论著目录亦应分开胪列。外文则再细分为日文、韩文、英文、法文等类，每一语文不再依中文分类方式编排。

在分类上《甘肃简牍百年论著目录》存在较大的问题。

---

[1] 吴福助：《睡虎地秦简文献类目》，《中华文化学报》第1期，第225—292页。

首先,该书虽有论著编及论文篇二大类,但在论文篇中,系将期刊论文、专书论文混合编辑。

其次,日文论著已翻译成中文,与中文相关论著合编当然不成问题。但有部分未翻译成中文论著,却未能单独分类,仍与中文论著混合编列。

再次,分类不够精细。例如:

页61:

0813《汉简中的河西经济生活》,劳榦,《中央研究院历史语言研究所集刊》第11本,1944年9月;后收入《劳榦学术论文集甲编》。

此条目被分列在"刑律法令"类,其实应属下一类"经济"类。

页65:

0871《汉代的徭役制度》,[日]西村元佑,《东洋史研究》第12卷第5号,1953年9月。

此条目被分列在"经济"类，其实应属"赋税徭役"类。

页59：

0916《关于〈汉侍廷里父老买田约束券〉》，宁可，《文物》1982年第12期。

此条目不属甘肃简牍范畴，收录后被分列在"物价经济"类，编者之意似有意将之归类为下属"借贷"，从内容看亦不应属此类。

以上三则条目，均为某一类的最后一则条目，或许是计算机排版影响所及，但在校对上理应看出。

（四）内容应力求精确

目录提供众人使用，应以精确为首要目标。条目的精确，应重视出处、作者、篇名、出版时间等的准确，因此编者在编辑过程中，除谨慎小心外，在校对上也要特别尽力做好最后一道把关工作。《甘肃简牍百年论著目录》

一书在校对上即存在严重的缺陷，其现象非常普遍，仅举数例说明之：

页73：

0971《汉代屯田制的几个问题——以武帝、昭帝时期为中心》，[日]尾形勇，《史学杂志》第72编第4号，1963年4月；又见《简牍研究译丛第一辑》，吕宗力译，1983年4月。

此条目中"以武帝、昭帝时期为中心"，明显衍生一个"时"字。

页124：

1670《新出土秦板圆汉帛图汇考》，马先醒，《民间史学》2，1991年3日。

条目中"新出土秦板圆汉帛图汇考"应作"新出土秦板图汉帛图汇考"；"3日"应作"3月"。

(五) 内容力求充实

简帛研究已是国际汉学界热门研究课题之一，日本、韩国、英国、法国、德国、美国、加拿大等均有学者从事研究。因此，简帛目录的编辑，不应局限在汉字圈，应扩大收集范围。

简牍出土，也不局限在汉字圈，少数民族政权吐蕃、西夏均曾使用，出土地亦非仅在中国境内，朝鲜、日本等国家也有发现，所以简牍目录的编辑，也应重视这些研究成果。

编辑简帛目录关注的对象，亦不应被限制在期（报）刊方面，对于各种正式出版的会议论文集、纪念论文集、个人文集，甚至未被网络数据库收集的刊物，也都要想方设法去寻找，以充实目录内容。

在条目的编排上，则应将所有出版信息都列出，以方便使用者参考。

(六) 不能据目录或经由关键词搜寻编目录

简帛目录目前已有些成果发表，因此编辑目录时有些编者即就这些目录进行编辑。已公开发表的目录，不能说完全无误,如不察,就会以讹传讹,贻误大众。《甘肃简牍百年论著目录》的某些错误,基本上是据目录编目录所造成的。

利用关键词在网络搜寻编目录固然很方便,但一不小心亦容易出错,于此举出一例,此例虽与简帛研究无关,但可提供参考:

陈丽桂主编,《两汉诸子研究论著目录(2002—2009)》,页154,2211条为:

> 林建德,《〈老子〉与〈中论〉之哲学比较——以语言策略、对反思维与有无观为线索》,台北:台湾大学哲学研究所博士论文,311页,2006年6月,陈鼓应、蔡耀明指导[1]。

编者将之收录在徐干《中论》类下,其实此篇博士论文《〈老子〉与〈中论〉之哲学比较》所指《中论》为

---

[1] 陈丽桂:《两汉诸子研究论著目录(2002—2009)》,台北:汉学研究中心,2010年。

鸠摩罗什所翻译佛经,并非徐幹《中论》,此显然系利用关键词用计算机进行检索所造成的错误。

(七) **断限应明确**

简帛研究与日俱增,但目录的编辑难以与时俱进,因此,在编辑目录时应先定一个明确断限,如此,可提供用户了解所编目录收录研究成果到何时,同时也方便以后的增补。

《甘肃简牍百年论著目录》的时间断限很清楚,为1907—2007年,但在内容的断限上却出现了问题。根据书名,理应以收集研究甘肃出土简牍论著为主,但本书收录范围,却远超出研究甘肃出土简牍者。例如:页190,据分类系收录研究天水放马滩秦简《日书》相关论著目录,但却有一半以上为研究《睡虎地秦简·日书》。

四、结语

自2000年起个人自觉反省,简牍出土百年,已成为一门成熟的学科,但作为一门成熟的学科,它的学科理论为何?因此,时加检讨思考,方有《简帛学理论建构省思举隅》一文的撰写[1]，该文仅提出纲领式的意见，对学科理论建设的每一项学科细目，并未深入探讨。

2011年8月25日至27日，我前往甘肃省兰州市参加"甘肃省第二届简牍国际学术研讨会"，曾发表论文《简帛版本学论略》，对简牍版本学提出浅见，但内容待增补深入讨论者尚多，故目前还未正式发表。今就简帛目录学编辑提出个人浅见，期待能获得关注简帛学发展的专家学者们重视，使这门学科的发展更为成熟壮大。

编辑目录耗时费神，但嘉惠学界功德无量。本文为说明编辑简帛目录学应注意事项，特以《甘肃简牍百年论著目录》为例，意在提醒有志于此者参考，并非执意指摘，盼学界同仁体会之。

---

[1] 陈文豪:《简帛学理论建构省思举隅》，《中国出土资料研究》第14号，第86—109页。

评《出土唐宋石刻文献与中古社会》

书　　　名：《出土唐宋石刻文献与中古社会》

作　　　者：马　强

出　版　者：巴蜀书社

出版时间：2018年

一

19世纪末迄20世纪初，新史料逐渐涌现，至今方盛未衰，致有四大新史料或六大新史料之说。其实，除四大新史料或六大新史料外仍有许多值得关注，例如封泥玺印、青铜器、石刻文献等。

金石学自宋代起开始受重视，但近年受关注程度比不上四大新史料，尽管如此还是有学者对此默默耕耘，马强教授即为其中之一。

马强现为西南大学历史文化学院、历史地理研究所教授，博士生导师，长期从事历史地理及史学理论研究。曾主持国家社科基金项目"新出土唐人墓志的历史地理资料整理与研究"，这项课题成果及其他相关研究是构成《出土唐宋石刻文献与中古社会》（以下简称本书）的主要内容。

本书除前言外，共二十二章，其实是二十二篇论文结集，部分系与研究生合写，其篇目为：

第一章　唐高宗、武则天时期墓志研读札记二题
第二章　出土唐人墓志与唐代重大历史事件
第三章　出土墓志所见唐代南方社会动乱及其治理
第四章　从出土墓志看唐代西南地区汉夷冲突及其消解
第五章　从出土唐人墓志看唐高宗、武则天时期的政治环境
第六章　从出土唐人墓志看安史之乱的几个问题
第七章　隋唐时期敦煌令狐家族考略（此篇与硕士生潘玉渠合写）
第八章　隋唐时期敦煌令狐家族文化研究（此篇

与硕士生潘玉渠合写）

第九章　唐诗人许景先生平事迹、诗文考述

第十章　初唐名将屈突通事迹新考——以墓志铭为主的考察（此篇与硕士生薛婧合写）

第十一章　从出土墓志看唐人的史学修养及其著史活动

第十二章　汉中现存三处唐代石刻新考

第十三章　构建武陵山区历史地理研究文献学概说——兼及唐人墓志于区域地理文献的意义

第十四章　新出唐人墓志与唐代历史地理研究的新拓展

第十五章　出土唐人墓志所涉唐代环境问题考述

第十六章　出土唐人墓志与唐代政区地理研究

第十七章　出土唐人墓志所涉唐代交通地理考述

第十八章　出土唐人墓志所见唐代经济地理考论

第十九章　出土唐人墓志所涉唐代乡村地理研究

第二十章　汉中褒谷石门宋人题刻汇考

第二十一章　白鹤梁与褒谷石门石刻题记比较研

究(此篇与复旦大学历史系学生马楚婕合写)

第二十二章 北宋兴元府通判贾公直家世、仕宦考略

从这些篇目可知,主要系利用出土唐人墓志从事研究,以历史地理的内容为主,所占比重极大,其他为人物及家族史、社会生活史、政治史。因此在这些篇目中可窥知本书优点。

(一) **为历史地理研究开拓新领域**

利用新出土史料从事历史地理研究,以往偏重在简牍及敦煌文献。例如:晏昌贵:《秦简牍地理研究》(武汉:武汉大学出版社,2017年);吴良宝:《战国楚简地名辑证》(武汉:武汉大学出版社,2010年);李正宇:《敦煌历史地理导论》(台北:新文丰出版股份有限公司,1997年)。而本书作者研究视野锁定出土唐人墓志,以此从事历史地理研究,为历史地理研究开拓新领域。

(二) **抉微探隐,工作细腻**

出土唐人墓志已有万余方,散见各种书籍报刊,要将

相关内容逐一检出,虽有部分数据库可供参考,但并非全豹,故多数研究以单一墓志志文考释或墓主研究为主。综合性研究,每章所引墓志非仅一方,例如:第十四章《新出唐人墓志与唐代历史地理研究的新拓展》征引墓志即有《杜玄礼墓志》《王守节墓志》《史堵颖墓志》《杨岌墓志》《王钧墓志》《杜孚墓志》《崔杰墓志》《衡守直墓志》《张仁方墓志》《孙婴墓志》《程伯献墓志》《阳俭墓志》《臧怀亮墓志》《卫子奇墓志》《程思庆墓志》《李问政墓志》《卢明远墓志》《大唐合州新明县丞李君(诏)墓志》《马珍墓志》《解进墓志》《王大剑墓志》《崔夫人墓志》《卜府君墓志》《石氏夫人墓志》《张偘夫妇墓志》《大唐陇西郡君夫人墓志》《太原王夫人墓志》《李琼墓志》《车府君墓志》《衡府君墓志》《张怀寂墓志》《大唐幽州都督姚府君墓志》《兰陵萧府君(怸)墓志》《吉公(管)志文》《故泉州长史太原郭君(品)墓志》《赵王(福)墓志》《李义璋墓志》《霍松龄墓志》《卢有邻墓志》《严郎墓志》,计40方,每方墓志以记载墓主生平或仕宦经历为主,能够提供行文佐证数据往往是片言只语,若非细心不嫌烦琐披拣,无法致之;又

第十六章《出土唐人墓志与唐代政区地理研究》附表"出土唐人墓志所见贞观年间州郡领县表"系就52方墓志逐一统计所得，工作量亦烦琐。

汉中褒谷石门宋人题刻中有许多人生平不详，作者在《汉中褒谷石门宋人题刻汇考》一文中逐一考证，使这些生平隐晦不彰者能为今人了解，在此基础上更进一步撰写《北宋兴元府通判贾公直家世、仕宦考略》，令人对以往了解不多的范仲淹外孙贾公直有更深入认识。凡此系长期关注积累，抉微探隐所致。

（三）研究方向多元，视野广阔

作者于2010年开始从事唐宋石刻文献研究，获国家社科基金项目"新出土唐人墓志的历史地理资料整理与研究"资助，对出土唐宋石刻进行系统研究。由本书内容可知利用新出土唐人墓志从事历史地理研究为作者重点，但其研究并非局限于此，研究视野涉及政治史、人物及家族史、社会生活史，其中有关隋唐时期敦煌令狐家族研究可为墓志研究典范，《从出土墓志看唐人的史学修养及其著史活动》则别出心裁，值得参考。

二

尽管本书具有上述优点，但在内容上仍有值得商榷之处，同时并有编辑疏失及讹误衍漏字等问题。

（一）内容待商榷者

1. 页180—181："里耶秦简中有洞庭郡而无黔中郡，现代学者推测，秦朝统一后曾改黔中郡为洞庭郡，但由于楚国人对秦的抵制，仍习惯用黔中郡称呼，所以造成史书记载有误。"按：此段未加注明，未详是哪位现代学者推测。同时这个说法还有讨论空间，并非定论。另《战国策·楚策一》载苏秦说楚威王云："楚，天下之强国也；大王，天下之贤王也。楚地西有黔中、巫郡，东有夏州、海阳，南有洞庭、苍梧，北有汾陉之塞、郇阳……大王不从亲，秦必起两军，一军出武关，一军下黔中，若此，则鄢、郢动矣。"《史记·苏秦列传》亦载：（苏秦）乃西南说楚威王曰："楚，天下之强国也；王，天下之贤王也。西有黔中、巫郡，东有夏州、海阳，南有洞庭、苍梧，北有陉塞、郇阳……大王不从亲，秦必起两军，一军出武关，一军下黔中，则鄢、郢动矣。"李晓杰据此认为："楚应在其南部疆域设置有洞庭、苍梧二郡，楚亡后，此两郡的建置为秦所继承，唯在郡境方面作了一些调整。"[1]此可备一说。其观点与作者不同，惜作者未见诸。

2. 页240："根据天一阁新发现的《开元令·厩牧令》。"在同页注③则称"新发现的《天圣令·厩牧令》"。按：《天圣令》系北宋仁宗天圣年间颁布法典，它是否以唐开元令为蓝本制定，学界有很大争议，因此不能径称《开元令》。

3. 页241："《李举墓志》言：'中使节制郎吏、西南夷宣诏暨客迁人者于是乎，整驾出者于是乎，税息停传，毙不绝日。'"按：此段为说明骆谷道交通昌盛而引，但未注明出处。据周绍良、赵超主编：《唐代墓志汇编·下册》，《唐故李府君墓志铭并序》，知李举避地江淮，卒于惟扬（按：疑为"淮阳"之误写。）瑞芝私第，并未至关中，志文中亦无上述引文。或是另有一李举，作者所引墓

---

[1] 李晓杰：《中国行政区划通史·先秦卷》，上海：复旦大学出版社，2009年，页440，464。

志文载于他书，余未得见之？

4. 页260：作者引《卢士琼墓志》："尝职同州，当征官税钱，时民竞出粟易钱以归官，斗至十八九。君白刺史言状，请倍估纳粟，下以泽民，上可以与官取利。刺史诘状，君辨其所以必然，刺史行之，民用得饶。未一日，果被有司牒，和收官粟，斗级六十。后刺史到，欲尽入其羡于官。君既去职，犹止之曰：圣泽本以利民，民户知之，不可以独享。刺史乃悬榜晓民，使请余价，因以绢布高给之，民亦欢受。州获羡钱六百万。"作者对"斗至十八九"的解释为："是志主在同州亲眼所见，由于两税必须以钱币交纳，农民被迫以粮粟高价换取钱币，价格高'斗至十八九'，官府从中盘剥利润之大可想而知。"按：两税法规定百姓必须以钱币纳税，农民能以粮粟高价换得钱币，应是农民得利，怎能说是"官府从中盘剥"？章群在《唐史》中指出：两税之弊当时人论之不一，除钱与实物比值不一外，重要的是官府规定之折换率（省估）与实际征收时之折换率（实估）又不同。即中央规定百姓所缴实物，将折价略为提高，以减轻民之负担，而地方执行官吏，每不奉行。故《通鉴》于元和三年条云：其留州送使者，所在又降省估就实估，以重敛于民。盖中央规定百姓所缴实物，将折价略为提高，以减轻民之负担，而地方执行官吏，每不奉行。张泽咸也指出："两税折收实物，如何计算估物是个大问题。物价因时因地出现重大变动，税收之物又有精粗、细滥不同，各地在处理中百弊丛生。尚书都省虽规定了省估，地方官吏并不遵守，降省估以就实估。"据此则"斗至十八九"非提高粮粟价，而是指"实估"价为"省估"价之八或九成，如此百姓负担加重。墓志中又云"请倍估纳粟……刺史行之，民用得饶……和收官粟，斗级六十"，"省估"提高，百姓有钱自然乐于纳税，故州有余羡。

5. 页292—314：第二十章《汉中褒谷石门宋人题刻汇考》，据页307注③作者原有《汉中褒谷石门石刻题名宋人民（按："民"系衍字）补考十三则》，载汉中市博物馆编：《石门：汉中文化遗产研究》2008年辑；页327注①作者另有《宋代汉中褒谷石门题名人物新考》，载《陕西历史博物馆馆刊》第17辑，此文系以《汉中褒谷石门石刻题名宋人民补考十三则》为基础进行改写，有八则，作者尚有一文《宋代汉中褒谷石门题名人物考续》，载《陕西历史博物馆馆刊》第18辑，本章系由此三稿合并而成。本章第一则为《〈贾公直等北宋绍圣题名〉中的贾公直、俞次皋》，第十六则为《〈贾公直等北宋绍圣题名〉中之贾公直为范仲淹嫡外孙之补证》。按：两则分别见于《宋代汉中褒谷石门题名人物新考》《宋代汉中褒谷石门题名人物考续》，引用数据相同，最重要的证据是富弼撰写《范文正仲淹墓志铭》，所谓补证仅将第一则改写而已，收入本书未仔细核对。

又第十四则《〈段从龙等游石门题名〉中之段从龙》与第二十则《段从龙等〈游石门题名〉》两者内容基本相同，其差别在前者指出：段从龙"既与石邵、段雄飞、晏衮一道代表官府祈雨，当至少是县一级官员"。后者云："从褒谷另一处《石邵、段雄飞等南宋淳熙题名》石刻署名顺序看，段雄飞既排名在晏衮前，推测段雄飞职务高于南县令晏衮，盖系兴元府署官。"

第七则《〈李崟、魏拱之等题名〉中的李崟》探讨李崟生平，第二十一则《〈李崟、魏拱之等题名〉论张应卯》。故第十四则与第二十则，第七则与二十一则，可合并论之，不必再另立一则。

6. 第二十二章《北宋兴元府通判贾公直家世、仕宦考略》，第二节为"贾公直的婚姻"，论及贾公直岳父蔡交家世、仕宦。但作者忽略一个信息，据页307所引富弼撰《范文正仲淹墓志铭》知范仲淹三女，"长适殿中丞蔡交，次适封丘主簿贾藩"。贾藩为贾公直父亲，故蔡交为贾公直姨父，贾公直婚姻为姨表联姻，其妻为其表姊妹。

（二）编辑疏失

1. 前言云："集中反映我近年来研究唐宋石刻文献阶段性成果的《出土石刻文献与唐宋史地考论》不久后将付梓出版，承蒙编辑频频催稿，终于可以拨冗推繁，在拙著出版前对近七年来的石刻研究作点回顾总结。"据此则本书应名《出土石刻文献与唐宋史地考论》，但呈现在读者面前的书名却是《出土唐宋石刻文献与中古社会》。

2. 本书是将已发表论文结集出版，按照严谨编辑要求，应在每章后注明原始刊载书刊名供读者检索比较；同时原发表论文若引作者相关论文会注明出处,现所引之文亦已收入本书,在原注后应再注明见本书第几章。例如:页7,注①"关于《屈突通墓志》所及墓主生平仕历、史事及其价值,笔者与薛婧曾作过考证,参见薛婧、马强:《初唐名将屈突通事迹新考》,《陕西博物馆馆刊》第18辑,第212—220页"。按:《初唐名将屈突通事迹新考》见于本书第十章。页202,注②及页221,注②"马强:《新出唐人墓志与唐代历史地理研究的新拓展》,《中国历史地理论丛》2013年第4期"。按:此文为本书第十四章。页226,注①"参见拙作:《从出土墓志看唐代南方社会动乱及其治理》,《陕西师范大学学报》2014年第2期。"按:此文为本书第三章。

3. 页89:"详细考证见附文三《〈唐故敦煌郡令府君(怀斌)墓志并序〉校订》。"按:文后并未见任何附文。

4. 页288:"唐代乡村冠名的文化含义大致呈现三个特点:一是儒家礼教地名,二是美好寓意地名,三是自然山水地名。"按:在后文所述却有四个特点,未为前文提及者为"沿袭隋代甚至更早年代的乡村地名"。

（三）讹误衍漏字

1. 页 2："与史籍所载隋末炀帝江都遇害及其皇宫北走事多相吻合。"按："皇宫"应作"皇后"。

2. 页 5："也谓墓主也言墓主张运才先梁隋时世为官宦。"按："也谓墓主也言墓主"语意重复，作"也谓墓主"或"也言墓主"即可。

3. 页 7："讨伐王世充、刘黑闼、徐元郎、辅公佑等割据势力。"按："徐元郎"应作"徐元朗"，"辅公佑"应作"辅公祐"。

4. 页 12："高句总章元年（668）11 月。"按："高句"应作"高宗"。

5. 页 14："我们会发现从初唐玄武之变。"按："玄武之变"应作"玄武门之变"。

6. 页 25："邵才志系元奉天定难功臣。"按："元奉天定难功臣"应作"元从奉天定难功臣"。

7. 页 30："除了北方边疆民族突厥、吐蕃、契丹先后构成对唐朝的主要威胁外。"按：吐蕃不在唐朝北方，在西南方。

8. 页31："《裴郾墓志》云：'民之困穷者，不能保抱鞠子而鬻之。'"按：此系据原整理者句读，但"不能保抱鞠子而鬻之"窒碍难读，似应作"民之困穷者不能保，抱鞠子而鬻之"。

9. 页55："周兴荣贯廷尉，业擅生杀；粥新开之诏狱，袭乱常之遗噍。"据注②，知此句引自周绍良、赵超主编：《唐代墓志汇编·上册》。按：在《唐代墓志汇编·上册》，"粥新开之诏狱"作"鬻新开之诏狱"。

10. 页69："天下词伯，王之旧臣。"按：此句引自《寇洋墓志》，据注①，知出处为周绍良、赵超主编：《唐代墓志汇编·下册》，在《唐代墓志汇编·下册》作"王之荩臣"。

11. 页69："注①《唐故广平郡太守恒王府长史上谷寇府君墓志铭并序》，周绍良、赵超主编：《唐代墓志汇编·下册》，宝应004，第1752页。"按：《唐故广平郡太守恒王府长史上谷寇府君墓志铭并序》见于《唐代墓志汇编·下册》，天宝136，第1627—1628页。见于宝应004，第1752页，有两方墓志，分别为《唐故苗君墓志之铭》《（上缺）禄卿使持节定州诸军事定州刺史充本州岛团练守捉使成德军节（上缺）开国伯食邑七百户程府君墓志铭并序》。

12. 页83："遂居郊縠（谷，因'縠'形近'縠'而误）。"按：作者虽指出《新唐书》所载"'縠'形近'縠'而误"，但却将"效"误植为"郊"，效谷县为西汉元封六年（前105）年始设。

13. 页119："后历任司农太府卿，鄂、瓜、豫三洲刺史，因病卒，赠灵州都督，期仕历及职官、赠官等与《许景先墓志》所载大致相合。"按："三洲刺史"应作"三州刺史"；"期仕历及职官"应作"其仕历及职官"。

14. 页138："以公随室重臣。"按："随室"应作"隋室"。

15. 页154："接连编修两个晋南明五代史。"按：应作"接连编修两晋南朝五代史"。

16. 页174："按江西阳在今溪州大乡界。"按：应作"按西阳在今溪州大乡界"。

17. 页190、231："《杜孚墓志愿》。"按：应作"《杜孚墓志》"。

18. 页197："《周故灵武军副使》吉公（管）志文。"按：应作"《周故灵武军副使吉公（管）志文》"。

19. 页205：注①"吴松第编：《两唐书地理志汇释》"。按："吴松第"应作"吴松弟"。

20. 页200：注①"《吴有邻墓志》全称"。按：应作"《卢有邻墓志》全称"。

21. 页221："安抚南迁的北方人士面而施行的一种特殊的政区设置。"按：此句衍一"面"字，全句应作"安抚南迁的北方人士而施行的一种特殊的政区设置"。

22. 页233："以安置内附的突阙部落。"按："突阙"应作"突厥"。

23. 页237："木宫太彦《中日交通史》。"按："木宫太彦"应作"木宫泰彦"。

24. 页253："反映的是裴耀卿漕去改革前。"按："漕去"似应作"漕运"或"漕政"。

25. 页255："《杜氏夫人墓志》所地载。"按：此句衍一"地"字，应作"《杜氏夫人墓志》所载"。

26. 页270：注①"以王口之家估算。"按：应作"以五口之家估算"。

27. 页289："兆府鄠县宜善乡庞保村。"按：脱一"京"字，应作"京兆府鄠县宜善乡庞保村"。

28. 页289："魏州绾陶县。"按：应作"魏州馆陶县"。

29. 页293："范仲淹夫妇育有四子三女，子范纯粹、范纯礼皆学有所成。"按：范仲淹四子，为范纯佑、范纯仁、范纯礼、范纯粹。

30. 页307："汉中褒谷石门石刻题名宋人民补考十三则"，应作"汉中褒谷石门石刻题名宋人补考十三则"。衍一"民"字，在本页凡二见。

马强教授由汉中褒谷石门石刻研究出发，拓展至出土唐人墓志整理研究，开拓历史地理及史学研究新领域，现将其成果结集出版，提供学界同行参考学习，其精神值得敬佩。

个人拜读后，虽提出如上述浅见，然未知当否，盼马强教授及同行批评指正。至于一些编辑上讹误，非全然是作者疏失，出版社编辑在把关上亦有其应负责任，在此指出旨在提供阅读本书者参考。

《青川郝家坪战国墓木牍考古发现与研究》评介

书　　名：《青川郝家坪战国墓木牍考古发现与研究》

作　　者：青川县文物管理所

出　版　者：巴蜀书社

出版时间：2018年

1975年12月，湖北省云梦县睡虎地第11号墓出土1155枚秦代竹简及残片80枚，就秦史研究而言，是一项革命性的发现。迄今，出土秦代简牍凡十二批，除睡虎地秦简外，分别为：四川省青川县郝家坪木牍、甘肃省天水市放马滩秦简、

湖北省江陵县岳山秦牍、湖北省云梦县龙岗秦简、湖北省江陵县杨家山秦简、[1]湖北省江陵县王家台秦简、湖北省荆州市周家台秦简、湖南省龙山县里耶秦简、湖南大学岳麓书院藏秦简、北京大学藏秦简牍、湖南省益阳市兔子山秦简。

上述十二批秦简，内容有法律文书、医方、叶书、质日、算数书、日书及术数类典籍、簿籍、遣册等，数量不一。青川木牍只有二枚，其中一枚文字无法辨识，因此和其他数量众多的秦简相比，似乎无足轻重，实则不然。

由简帛学术史而言，青川木牍是四川省首次发现简牍，同时是在湖北省睡虎地秦简面世之后，第二次出土秦简；其次，青川木牍内容《为田律》，涉及田亩、土地制度，字数虽少，为相关问题的探讨却提供了新材料与思考空间，从日后发表有关青川木牍研究论文中，发现以研究田律、土地制度者居多，更能看出其价值。

---

[1] 陈振裕认为杨家山简应为西汉简，见陈振裕：《湖北秦汉简牍概述》，载艾兰、邢文主编：《新出简帛研究》，北京：文物出版社，2004年，第56页。感谢鲁家亮先生提供此信息。

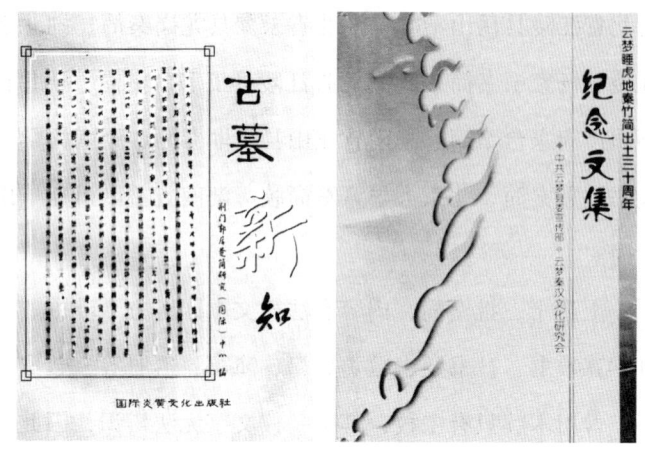

现今,数量多、内容丰富的秦简,如放马滩秦简、周家台秦简、岳麓书院藏秦简、里耶秦简、北京大学藏秦简、益阳兔子山秦简不断出土,学术研究风向也受引导,青川木牍研究风气稍歇,但还是陆续有相关论文发表,同时研究视野更加开阔,涵盖考古、历史、古文字、书法等领域。

一、一个阶段学术研究史的总结

孔子曾云:"三十而立,四十而不惑,五十而知天命。"道出人生学习成长三个阶段的历程,其实不仅在人生,任何事物，只要满十都值得关注。就简帛文献出土而言，睡虎地秦简出土30周年，中共云梦县委宣传部、云梦秦汉文化研究会合作出版过《云梦睡虎地秦竹简出土三十周年纪念文集》（内部发行，2005年8月）；郭店楚简出土10周年，荆门郭店楚简研究（国际）中心编过《古墓新知——纪念郭店楚简出土十周年论文专辑》（香港：国际炎黄文化出版社，2003年11月）。这两本论文集也具有总结学术研究的意义，值得讨论的是这两本论文集收录的论文并非该段时间内所有相关论文，是经过筛选，不若《青川郝家坪战国墓木牍考古发现与研究》收录论文之齐全；这二本论文集一为内部发行，一在香港出版，其影响力显然较小。此外，也有一些以学术会议形式进行纪念者，例如：长沙走马楼三国吴简出土20周年举行"纪念走马楼三国吴简发现二十周年长沙简帛研究国际学研讨会"，并出版论集（长沙简牍博物馆编：《长沙简帛研究国际学研讨会论集》，上海：中西书局，2017年10月），不过学术会议与会学者发表论文，以新撰写者，或符合会议某一主题论文为主，并无法达到学术研究总结的功能。因此《青川郝家坪战国墓木牍考古发现与研究》的出版意义重大。

二、蓄积能量，再开新局

在某些内容及数量较多秦简出土后，由于有新发展、讨论空间，故吸引较多学者重视，致对青川秦牍关注力逐渐下降。《青川郝家坪战国墓木牍考古发现与研究》汇集目前所见多数相关研究论文，研究者可据此逐一检视前人研究争论重点与分歧（限于篇幅这些争论不详述，读者可自行参阅本书），在此基础上进一步探讨，甚至写出研究综述，以期再带来青川木牍研究新局面。

《青川郝家坪战国墓木牍考古发现与研究》编辑出版还有两项学术价值：

（一）收集较全面，涵盖面广：《青川郝家坪战国墓木牍考古发现与研究》于2018年出版，《后记》云编纂经历二年，因此2016年前发表于期刊的论文大体上均已收录。全书共收集62篇论文（内有1篇重复，详见下文），这些论文，除中国本土学者论文，尚有3篇日本学者论文及

1篇译作,同时李蓉与黄家祥合撰《青川战国墓研究》为首次发表。就内容而言,收录论文不全以研究青川木牍为主,还收录青川郝家坪战国墓群发掘简报、墓主和埋葬年代等相关研究论文,有助于认识青川木牍时代背景,进一步深化研究。

(二)方便学者引用:《青川郝家坪战国墓木牍考古发现与研究》将散见于各种期刊、辑刊、个人文集中的61篇论文汇集在一起,并一一注明出处,方便学者引用及核对,功在学界。

在有限时间内编辑一部论文集,不免会出现一些失误。例如:

(一)第169—186页,收入罗开玉的2篇论文——《青川秦牍〈为田律〉研究》《青川秦牍〈为田律〉再研究》,并注明转载自《简牍学研究》第2辑。按:《青川秦牍〈为田律〉研究》确实原载于《简牍学研究》第2辑;《青川秦牍〈为田律〉再研究》原载《四川文物》1992年第3期(总第43期),第21—25页,后被《简牍学研究》转载,并将标题去掉一个"再"字,其实内容完全一致,编者可能匆忙中不察而致误。[1]

（二）第33页，《四川青川县郝家坪战国墓葬群2010年发掘简报》，出处误载为"四川省博物馆、青川文化馆《青川县出土秦更修为田律木牍——四川青川战国墓发掘简报》，《文物》1982年第1期"，按：此系"2010年发掘简报"第一个脚注，原文载《四川文物》2016年第3期（总第187期），第1—21页、97—99页。

（三）少数论文未收录：《青川郝家坪战国墓木牍考古发现与研究》虽称收录论文系经过遴选（见书衣刊印提要），经比对个人编辑目录，凡是刊登在期刊、辑刊上的论文大体均已收入。但一小部分2016年以前发表的论文未见收录。例如：韩祖伦：《青川木牍秦〈为田律〉新探》，《秦文化论丛》第14辑（2007年10月），第49—59页。日文部分，太田幸男有《阡陌三考》，见池田温编《中國禮法と日本律令制》（东京：东方书店，1994年4月），第5—26页；《阡陌制论》，《中国古代国家形成史

---

[1] 这一点蒙胡平生先生先提示，敬表感谢。

论》(东京：汲古书院，2007年6月)，第245—272页。后者第三节为专论青川木牍《田律》。

（四）将来有机会续编，建议在编辑体例上力求统一：出处多数为期刊名及期数，如：第1页，《文物》，1992年第1期。少数有列出页数，如：第344页，《中国史研究》，1991年第3期，第3—11页。又有些只列期刊名及年数，未列出期数，如第260页，《农业考古》，1987年（按：为1987年第3期）。又某些论文所载非原始出处，例如：李学勤，《竹简秦汉律与〈周礼〉》，注明转载自《当代学者自选文库·李学勤卷》，安徽教育出版社，1999年，第383—391页。按：本文最早刊登于《中国法律史国际学术讨论会论文集》，陕西人民出版社，1989年9月，第147—156页。虽说收入个人文集中论文，作者多数会进行修改，选择后出者，应是较为妥当，但若能将所有出处详注，有助于了解学术史发展脉络。

最后有两点建议：

（一）建议有机会编一个研究论著目录，将相关论文原始出处，再次转载或收入论文集者详细列出，这有助于了解青川木牍学术研究史发展脉络。

（二）有机会再编辑一本续编，将未收入论文及2016年后陆续发表者一并收入。后者目前所知至少有：

臧知非：《简牍所见秦和汉初田亩制度的几个问题——以阡陌封埒的演变为核心》，《人文杂志》2016年第12期（2016年12月），第80—86页。

［日］广濑熏雄，《青川郝家坪秦墓木牍补论》，《简牍学研究》2018年第7辑，第183—199页。

青川县位处四川北部偏远地区，在2008年"5·12"特大地震中，属于重灾区，在财政极大困难下，主管单位仍高度重视这一"小小木片"带来的重大影响，拨付经费支持《青川郝家坪战国墓木牍考古发现与研究》的出版，我们必须致以最高敬意，同时也感谢青川县文物管理所编辑人员的辛劳付出，并期许"青川名片，历史津梁"更为落实。

感谢胡平生、赵宠亮先生协助，李蓉所长惠赐，获得赠书。

各篇出处

篇名	出处	期/卷	日期	页码
汉代书肆及其相关问题蠡测	庆祝王恢教授九秩嵩寿论文集		1997.5	11—24
汉乐府诗"交钱百万两走马"试释	中国文化月刊	130	1990.8	111—115
试论焚书禁学与独尊儒术	空大学讯	214	1998.4.16	25—29
王昭君与冯夫人——谈西汉对外关系史上的两位女性	空大学讯	216	1998.5.16	44—48
"一字千金"——吕不韦的营销手法	空大学讯	218	1998.6.16	57—61
汉代的"政治明牌"——谶纬	历史月刊	92	1995.9	49—53
理想与现实的冲突——新莽兴亡述说	历史月刊	156	2001.1	39—44
蛄——扑满的本尊	历史月刊	159	2001.2	78—79
简帛研究与简帛学	中华文化学术论文研讨会专辑	2	2003.1	151—164

续表

篇名	出处	期/卷	日期	页码
"文德"地名考释	简牍学研究	2	1998.3	71—78
九九术与《九章算术》	空大学讯	217	1998.6.1	56—63
治学方法浅见：首重正确理解史料	东海大学图书馆馆刊	1	2016.1	68—73
台湾有关东方朔研究综述	东海大学图书馆馆刊	6	2016.6	60—68
《国外研究中国问题书目索引》评介	史学汇刊	16	1990.7	293—295
《秦史研究论著目录》评介	东海大学文学院学报	41	2000.7	315—322
《中国古代陪都史》评介	三门峡职业技术学院学报	1	2015.3	1—4
简帛目录学刍议——兼评《甘肃简牍百年论著目录》	长沙简帛研究国际学术研讨会论文集	长沙简牍博物馆编	2017.10	433—44
评《出土唐宋石刻文献与中古社会》	白沙历史地理学报	19	2018.12	85—94
《青川郝家坪战国墓木牍考古发现与研究》评介	出土文献研究	18	2019.12	438—441